班主任工作的『技』与『术』

王良胜／著

天津出版传媒集团

天津人民出版社

图书在版编目（CIP）数据

班主任工作的"技"与"术"/王良胜著. -- 天津：
天津人民出版社，2022.11
　　ISBN 978-7-201-18866-9

　Ⅰ.①班… Ⅱ.①王… Ⅲ.①班主任工作 Ⅳ.
①G451.6

中国版本图书馆 CIP 数据核字（2022）第 196842 号

班主任工作的"技"与"术"
BAN ZHU REN GONG ZUO DE "JI" YU "SHU"

出　　版	天津人民出版社	
出 版 人	刘　庆	
地　　址	天津市和平区西康路 35 号康岳大厦	
邮政编码	300051	
邮购电话	（022）23332469	
电子信箱	reader@ tjrmcbs. com	

责任编辑	岳　勇	
装帧设计	书香力扬	
责任校对	余艳艳	

印　　刷	成都兴怡包装装潢有限公司	
经　　销	新华书店	
开　　本	880 毫米×1230 毫米　1/32	
印　　张	8.25	
字　　数	186 千字	
版次印次	2022 年 11 月第 1 版　2023 年 3 月第 1 次印刷	
定　　价	68.00 元	

| 前　言 |

写给自己的歌

工作至今，我担任班主任工作已逾二十年。这期间，虽不时有班主任类的文章发表、德育类的课题结题，但是从未想过写一本书。直到我开始主持合肥市名班主任工作室和合肥市教育名师工作室，才有了要把自己的一些工作的想法和做法进行归纳的念头。

《班主任工作的"技"与"术"》，权当是写给自己的一首歌吧。

这是一首赞歌。能够坚持担任并热爱班主任工作的老师，是值得称赞的。能够在烦琐的工作之余，还可以不断思考班级管理的技巧，提高班级管理的艺术，那就更值得称赞。

这是一首情歌。班主任工作需要用心、用情，用自己饱满的感情去弹奏对教育的热爱、对学生的关爱、对这份普通工作的挚爱。

这是一首诗歌。要做好班主任工作，需要我们用自己的管理智慧，去融合各种因素，调动各方力量，形成教育合力，达到平仄和谐的教育境界。工作的过程，就如同一首优美的诗歌孕育成长的历程。

这是一首颂歌。要担任好班主任工作，必须要高唱对祖国、对人民、对学校的颂歌。我们要在工作中，弘扬"家国情怀"，教会学生做人、做事，让他们养成高尚的品德。

这还是一首主题歌。班主任的工作，永远都在弹唱着"为党育人、为国育才"的主题歌。在这首主题歌里面，学生是主唱，教师、家长是伴唱，我们永远在学生的身后，默默为他们鼓掌、加油。

这还是一首儿歌、欢歌……

当然，这也是一首离歌。一届三年，每送走一届毕业生，心中都会有无限的不舍和感慨。从互不相识，到并肩奋斗，上千个日日夜夜，让我与学生们结下了深厚的情谊，已然成为彼此生命中永远难以抹去的记忆。

谨以此文，作为本书的前言。

目　录

第一篇　常规管理的"锦囊妙计"

　　班级常规管理工作在很多班主任眼中，是最琐碎，也最牵扯班主任时间与精力的。许多班主任因此疲于奔命，进而产生了严重的工作倦怠感。

　　卫生、纪律问题，集体活动的组织，学生矛盾的处理等，这些问题每天都在上演。班主任如何能够从容面对，并对班级常规管理工作得心应手呢？相信这些"锦囊妙计"会对正处于"苦恼"中的班主任们有所启发。

"失踪"的扫帚

　　"老班，我们班的扫帚不见了！"劳动委员一大早便气喘吁吁地跑进办公室向我汇报，"没有扫帚怎么打扫卫生啊？"看着劳动委员焦急的样子，我不动声色地说："那就让同学们自扫'门前雪'，然后值日生用拖把将地拖一下就行了。"劳动委员"领命而去"，我却看着"躲"在办公室门后的扫帚，心中"窃喜"。

　　班级卫生工作是班级管理工作的一个重要方面，卫生清扫制度建立起来很容易，但是如何保持洁净的卫生环境却是一个令人头疼的问题。往往值日生刚打扫完班级，过不了两节课，班级的地面上就会出现一些"不和谐的身影"。怎么办？严厉惩处只会暂时起效，因为处罚手段只能治"标"不能治"本"，时间一长学生便会对处罚产生"抗药性"。要想根本解决班级卫生保持的问题，关键还得培养学生尊重劳动成果并自觉爱护班级卫生的习惯与责任意识。

　　我决定先从降低他们对值日生的依赖性入手，这才出现了早上的一幕。

　　班会课上，我以"失踪的扫帚"为题，开了一个主题班会。首先我向同学们通报了有关"扫帚一案"的"侦破情况"——暂时没有线索；新买几把扫帚——班级暂无此项经费预算。那怎么办呀？学生们议论纷纷。还是"各扫门前雪"吧，在没有破获"此案"之前，每位同学负责自己座位半径 0.5 米以内的卫生，走廊及讲台由值日生负责，同时值日生每天早晚自习前各拖地一次。为了帮助同学们克服随手扔垃圾的习惯，我特地准备了一个小玩意——用废报纸叠成的小纸篓。别看它小，作用可不小，同学们平时的废纸屑、橡皮屑都可以放在里面，满了就倒进班级的垃圾桶中。我将一些废报纸分发给同学们，在我的示范下，学生们很快便学会了叠小纸篓。"好，下面就请同学们让它派上用场吧。"看着同学们忙得不亦乐乎的样子，我接着又宣布，对于一周内两次将垃圾扔在地上又不主动捡起的同学，罚为班级叠小纸篓十个，拖地一周。同桌之间如果没有尽到相互监督、及时提醒的责任，则一同受罚。这不是"连坐"吗？同学们又议论纷纷。"绝对不是！请同学们想一想，你们一天在班级的时间比在家的时间都要长，教室就是你们的家，谁愿意自己的家里脏兮兮的？每位同学都是这家里的一分子，同桌之间就好比是邻居，邻居之间互相帮助，难道不应该？"连续几周，班级的卫生和保洁情况总体良好，大部分学生在逐渐习惯没有扫帚的值日。

仅仅降低学生对值日生的依赖性还不够，要想班级卫生长期保持良好的状态，必须在培养学生爱护班级的责任感、强化他们的环保意识上下功夫。我首先将班级的劳动委员改名为"环保委员"，主要职责由组织并监督班级卫生打扫，演变为倡导班级环境保护，发现并宣传爱护班级卫生典型个人等。环保委员任期不定，由爱护班级卫生典型个人轮流担任。在班级的"半月表彰"中特别增设"劳动模范"和"环保天使"两个奖项。"劳动模范"授予爱护班级环境比较突出的男生，"环保天使"则专门用于表彰女同学。不断的表彰，激发了越来越多的学生自觉爱护身边的环境、积极主动地关心维护班级整体环境的热情。我还利用数码相机把班级不使用扫帚值日的画面拍下来，剪辑成一个短片《最轻松的值日》，上传到班级主页上。很多同学也结合自己的实践，在班级 QQ 群里交流值日的心得体会，提出各种维护班级环境的建议。每当班级在卫生检查评比中获得学校的表彰时，我会及时买来一些糖果，和同学们分享保护班级环境带来的荣誉。

"失踪的扫帚"一案始终没有"侦破"，但班级的卫生工作却比以前更棒了！

班级 "水" 故事

天气转冷，学生对热水的需求量也在不断增加。学校没有专门供应热水的设备，班级饮水机也无法满足学生巨大的饮水需求。解决热水供应显然成为班级工作中的一件 "民生大事"。

解决这个问题的出路在哪里呢？增加纯净水供应量？学生课间休息时间短，来回搬运不方便，而且一桶水需要四五块钱，以每天消费三桶水为例，一天班费就要开支十几元，也不经济。看到不时有学生跑到办公室来 "借水"，我的眼前顿时一亮，何不利用办公室的电水壶给学生烧些开水呢？

一天早读课，我提着满满一壶开水来到教室，给带着杯子的学生每人倒了一杯开水，一圈下来，正好倒完一壶水。第二天，带杯子来班级的学生明显增加，许多学生带的还是保温杯。一壶水已经很难应付，我赶在第一节课上课前，在办公室又烧了一壶，给没有倒上开水的同学倒上。经过一段时间的 "实践"，全班同学早上热水的需求量稳定在两壶左右。早读课三十分钟，课间早餐时间二十分钟，烧两壶水同时再倒给同学们，时间很紧张。每天早读课前我尽量提前十分钟来到办公室，先把热水烧上。坚持了一段时间，新的问题又来了，如果我早读课不能提前来或者来不了怎么办？看到学生喝上热腾腾开水时的幸福感，看到学生在班级周记上表达出的感动，我觉得必须想个"万全之策"把这件事坚持下去，同时通过"热水"做"热"班级管理这篇文章。

高二文理分科后，新组建的班集体里大多数学生来自不同的班级，同学之间隔膜很大，对原来的集体有一种强烈的怀念感。出现这种状况的根源在于同学们的集体认同感没有培育成功。我一直试图解决这个问题，效果不是很明显。现在机会来了，在征求了同学们的意愿后，我决定成立"爱心热水"维护小组，并请班委会设计了一个"爱心热水"维护表。这个表格很特别，它没有具体的学生名单，愿意负责的同学主动把名字填上，一周更换一次。一开始，我动员班干部主动报名。看到烧开水、倒开水的班干部在班级"超人气"的受欢迎态度，在接下来的几周时间里，主动要求参加"爱心热水"维护小组的同学越来越多，班委会在我的"授意"下，将来自不同班级、不同性格的同学安排在同一天，以加深大家彼此之间的了解，培养同学们的协作意识。渐渐地，"班级爱心热水"的维护小组人数稳定下来，同时经常"搭档"的同学彼此之间也形成了默契，比如家住得近的同学，早上早点来烧开水，住远点的同学负责倒开水；晚自习前在校吃饭的同学负责烧开水，回家吃饭的同学负责倒开水；女生负责烧开水，男生负责倒开水等。"爱心热水"在解决班级"水荒"的同时，也逐渐成为"溶化剂"，把许多颗心拢在一起。

随着时间的推移，不少学生开始渐渐地不珍惜热水资源，倒一杯水捂捂手，水稍微凉了便把它倒掉，等到喝水时又跑到班级饮水机前重新灌满，这样便形成了二次浪费。怎么培养学生珍惜水资源的意识呢？随意浪费水资源，主要是因为学生们生活在巢湖岸边，没有真正感受过水资源匮乏带来的危机。我决定开展为期一周的水资源危机生存演练。

周一我从家里带来了几个大的暖水瓶，每天烧好的开水装在暖水瓶里，每人每天保证两杯饮用水的供应，上下午各一杯，可以"零买"也可以"整取"，由爱心热水小组做好统计并由其他同学负责监督。但是如果有学生出现浪费水资源的情况，那么当天班级的饮用水量则全部取消。同时我宣布因为班级"财政困难"，桶装饮用水暂停供应，全班同学进入模拟缺水的"紧急状态"。当然在这段时期里，个人不允许携带饮用水到班级，也不允许到他班借水或者购买饮用水，否则取消本周的热水供应量。"危机"一开始，学生的反应便出现了一些差异，有些同学因为早餐吃的是稀饭等食物，上午的饮用水用量不大，基本可以适应；而有些喜欢运动，或者早餐是饼干等干粮的同学，则感到了"水到喝时方恨少"的困窘。针对这种差异，我宣布饮用水可以调剂，一些用水量少的同学，可以将富余的指标转让给其他同学，用于接济"困难户"。一周下来，我让学生按照平时每个人两大杯饮用水的平均量（500克），算算本周班级省下了多少饮用水。结果出来后，很多同学都大吃一惊。因为危机演练期间每人每天供应的热水是200克左右，平均每人每天节省300克，全班六十人，一周五天，我们省下了约90千克的水。如果平时我们都注意节省一点，那么一个月、一学期会有多少呢？虽然模拟演练结束了，但是从学生的班级周记可以看出，很多学生的思想受到教育，班级的桶装饮用水消耗量也下降了不少。为了巩固"战果"，我决定在班级开展长期性的"按需取水"活动，每位同学根据自己当时用水的量去倒水，避免水倒多了，最后因为冷掉而不得不倒掉的情况。开展活动至今，节水环保的理念不断融入学生的日常生活中。

　　一小杯热水做活了班级德育工作的文章，让我深深地感到德育工作的奥妙就蕴藏在点滴的生活之中。

"下战书"让迟到销声匿迹

高中生学习任务重，很多学生有"开夜车"的习惯，加上天气逐渐变冷，早读课迟到现象时有发生。罚站、背书等方法轮番上阵，但效果只能维持很短的时间，不久，迟到现象依然会故态复萌。迟到现象不仅会影响早读课的学习效果，而且对班风、学风也产生了不良影响。同时迟到现象的加剧也反映出在严寒等困难面前，学生的自我约束能力和克服困难的毅力在下降。单纯的处罚措施只是把着眼点放在纠正学生迟到这个现象的本身，而没有从根本上解决学生畏难情绪滋长、学习毅力下降的思想问题。"心病还得心药医"，要想根治这个顽疾，最好的办法还是要从锤炼学生毅力、增强他们克服困难的信心入手。我的办法就是"下战书"。

一个人"单挑"一个班

一天早读课开始后，一如既往，有好几名学生在铃响之后才气喘吁吁地跑进教室。我不动声色，在早读课结束后，从包中取出了一张大白纸，贴在了班级的公示栏里。纸上是用毛笔写的挑战书。大意是，从明天开始，我向全班同学发出挑战，如果我在

7：05（我校冬季早读时间为7：10）以后到班级，而这时所有的同学已经到了的话，那么我将受罚，受罚的种类包括在早读后唱歌、背诗、说笑话，等等。如果有同学在7：05—7：10来，师生之间算平手。如果有同学在7：10以后来，那么就算我获胜，迟到的同学按原班纪班规受罚。战书贴上去之后，同学们议论纷纷，这时有"好事"的学生大声疾呼："班主任的歌我还从来没听过，明天我们大家都努力努力，争取战胜班主任！"学生们热情高涨，而我也窃喜。接下来的一段时间里，除个别学生因故迟到外，全班学生都在7：05以前来到了班级，而我则在每天的早读课后，不是引吭高歌便是搜肠刮肚地说些笑话，忙得不亦乐乎。

　　慢慢地，天气越来越冷，师生之间"平手"的机会越来越多，有时甚至出现了我"获胜"的局面。虽然迟到只集中在少数几个学生身上，但如果不采取措施，势必还会形成蔓延之势，"下战书"这一举措也会与以往的管理措施一样逐渐失去药性。

一个班"群挑"一个人

　　在与班委会同学商量之后，我让班长代表全班重新贴上了一份挑战书。在这份新的挑战书里，规定7：05—7：10之间来班级的同学为准迟到，7：10之后来的同学为迟到。准迟到的同学将接受班委会提出的一个要求，这些要求通过班级周记遴选出来，并由班主任代表全班加以监督。对于迟到的同学除了提出更高要求外，班委会还将专门给这些同学的家长寄上一张明信片，明信片的内容就是以班委会的名义请家长辛苦一点督促自己的孩子尽量避免迟到。这个办法等于是动员全班同学去监督个别毅力不够、容易迟到的同学。为了避免在同学和家长面前丢面子，同时也为了证明自己是有毅力的，那几名同学在其后的时间里几乎都能够在"准迟到"时间之前赶到班级。

全班挑战少数人，战果辉煌，早读课也是书声琅琅。

一半"挑战"另一半

在继续巩固"下战书"所带来的"战果"的基础上，为了进一步激发学生自主管理意识，进一步培养学生攻坚克难的热情，我请班委会将以前的战书取下，在征得同学们同意的情况下，启动了一个新的挑战计划。

在这个计划里，全班女生为挑战方，男生则为应战方。双方在计划公布后，选出代表拟定相关细节，不久班级的公示栏里便出现了一张粉红色的挑战书，挑战书是用全班女生的签名拼成的一个硕大的标题：巾帼可以让须眉？男生当然也不甘示弱，很快另一张挑战书也应运而生，同样也是一个标题：男儿当自强，必须的！感叹号是由每位男生姓名的最后一个字组成的。两份挑战书言简意赅，诙谐幽默，貌似针锋相对，但却没有一丝火药味。双方制定的规则更是充满学生时代的乐趣。比如女生规定，如果有男生在"准迟到"与"迟到"时间之间来到班级，那么当天女生的值日任务就由该位男生承包，同时这位男生还会被授予"绅士"的"雅号"。男生与女生之间的互相督促，更使得同学们不愿轻易在异性同学面前服输。迟到现象不仅很少出现，同学们之间的友谊在这种竞争中反而更为深厚。与此同时还起到了意想不到的效果，有一部分喜欢"开夜车"的同学也在悄然中逼着自己珍惜在校时间、提高白天学习效率。

虽然解决迟到问题只是做好班级常规管理工作的一个方面，但是班主任可以在充分调动外在的监督力量，激发学生内在的自觉意识与荣誉意识的过程中，逐渐形成一系列解决问题的有效机制，提高班级管理的效果。

跑操的"快乐"

"老班，今天又有十几个学生请假！"体育委员怒气冲冲地来到办公室向我告状。是啊，最近这段时间天气稍微有点冷，很多学生便找出各种借口，不愿意参加跑操。

这种情况必须遏制！我给体育委员下了命令，以后每周跑操请假两次以上的同学，半月奖励不予评优。在我的严令下，跑操请假人数大幅减少。但是问题随之而来，人数增加，但班级跑操的质量并没有提升，每次政教处考评，班级跑操总会有扣分现象。这到底是怎么回事呢？我把几位主要班干部请到办公室一起研究问题，商量对策。班长小项首先开口了："老师，我觉得现在大家之所以不愿意跑操主要还是因为思想上有抵触情绪，跑操本来是用来锻炼身体的，但是学校要求我们的动作整齐划一，几圈跑下来，心太累了！同学们觉得这是学校在搞形式主义，没什么意思。""还有一些同学想利用跑操时间，赶一点作业，所以就借口请假了。"学习委员小魏补充道。"还有一些同学身体明明很好，却借口身体不适不去跑操，这个影响太坏了，好多同学都在效仿。"纪律委员小马也愤愤不平道。

很多学生不愿意参加跑操，跑操质量下滑，表面上看是同学们刚才提出的种种原因，但实质上还是学生们对跑操的价值缺乏正确的认知，对学校狠抓跑操工作的理解不到位。只有让学生认识到跑操的作用，理解了跑操的意义，情感上产生了共鸣，才能让班级跑操质量更上一层楼。否则，仅仅依靠班主任的催促，只能进一步加剧学生的抵触情绪。

周一班会课上，我特地请来体育赵老师到班级做客，专门讲一讲体育运动与健康体魄的话题。赵老师从刚刚结束的体质健康检测讲起，指出目前我们班有将近一半的学生体重超标，其中女生更为明显。这一下子引起了许多同学的注意，尤其是一些女同学。看到同学们着急的样子，赵老师微微一笑说道："这个问题很容易解决，你们只要坚持锻炼就可以了。但是锻炼是要讲究方法的，每天坚持慢跑就是一个不错的办法。比如每天学校组织的跑操就是一个很不错的锻炼方式，跑的时间也不是很长，运动量也适中，最关键的是还有全校的同学陪着你一起跑，这总比一个人偷偷地在大街上跑来跑去要好吧？"赵老师的幽默引得学生们哄堂大笑。接着赵老师还就跑操的方法和注意事项等向同学们做了详细的培训。

班会课之后的一周，可以看到女生尤其是比较懒散的女生参与跑操的热情有了提高，我知道，这是赵老师的功劳。可是赵老师的"忽悠"迟早会露馅的，毕竟跑操的运动量还无法实现这些爱美之心的女孩们的愿望。怎么办？得赶快趁热打铁。我决定亲自上阵。以前跑操，都是我站在主席台上用目光陪伴他们一圈又一圈。从今天开始，我决定陪他们一起跑完全程。看到穿着运动鞋的我，学生们显得很惊讶，他们做梦也不会想到，平时四体不勤的老班会跟他们一起跑操！看着步履不断沉重的老班，看着脸色越来越红的老班，看着气喘吁吁的老班，同学们跑操的态度比以前端正了很多，步伐也不自觉地整齐了不少，口号也响亮了起来!

但是我的亲自出马,却遭遇了"滑铁卢",在这周政教处公布的考评分数上,班级得分依然没有变化。虽然我一再和学生们说,我们不要在意结果,我们只要关注过程就行,但是学生们的情绪依然很低落,有的学生直接说了丧气话:"再怎么努力,也比不过理科班啊,他们这些班级大部分是男生,跑操的气势肯定能超过我们。就怪这帮女生!"

文科班女生多,男生少,在气势上难免比理科班级要低一些。为了进一步激发学生们的斗志,我决定借力打力。我和跑操效果最好的理科班班主任商议,请他代表班级给我们下了一个挑战书。挑战书是这么写的:

每次都追随在贵班队伍之后,深为贵班学生积极阳光的态度、昂扬向上的激情所感染。我班决心向贵班学习,来一场跑操友谊赛。友谊赛从今天开始到下周末结束,看一看哪个班级在学校的量化考核中平均分高。输了的班级可要到赢的班级去当面祝贺哦!

看到这份挑战书,同学们群情激愤,这不是看不起我们班吗?绝不能让理科班看扁我们!看到同学们"群情汹汹",我立马来"火上浇油"了:"理科班的男生比较多,跑出来的气势比我们足,我看,咱们班还是不去自取其辱了吧?""不行!我们必须赢!"同学们的激情被我燃爆了!"那好,那就让理科班看看咱们文科班的厉害!""对!咱们代表文科班把理科班的气焰压下去!"

果然,下午的大课间跑操,我们班的学生一个不缺,迅速而有序地在指定位置站好,大家都在静静地等待着广播室的指令。"跑操开始!"随着指挥老师的一声令下,所有的学生几乎同时摆动着手臂,铿锵有力的步伐,整齐划一的脚步,伴随着响亮的班级口号，让很多班主任都不约而同地向我们班投来了惊讶的目光。我用手机把跑操的整个过程录了下来。

晚自习期间，我把视频放给学生们观看，并点评道："这次跑操，是我看到的你们跑得最整齐划一、最全神贯注、最心无旁骛的一次，集合速度快！跑操口号响！队伍士气高！你们跑出了班级的尊严！跑出了班级的荣誉！跑出了班级的气势！也跑出了我们学校跑操的新高度！"听了我的激励和表扬，学生们愈加激昂，在这之后的友谊赛期间，两班学生你追我赶，各不相让，在操场上形成一道靓丽的风景。

友谊赛以政教处公布的双第一结果告终，皆大欢喜。

在总结班会上，我以"跑操的快乐"为题，请同学们谈一谈这一阶段对跑操的感受和心里话。以前跑操有点散漫的小杨说："以前我对跑操非常抵触，总觉得既然是运动，大家就应该想怎么动就怎么动，为什么要动作上像机器人一样整齐划一呢？通过这段时间与理科班的 PK，还有老班的加盟，我真正意识到了，我们不仅仅在跑操，更是在为咱们班加油鼓劲！咱们班要拿出跑操的气势来，咱们做任何事情都不会输给别人！同样，学校也需要这种精神！"

是的！跑操虽然只是一项班级常规活动，只是一项例行活动，但班主任可以利用这件小事，来激发学生的集体荣誉感，通过跑操让学生形成一种"比帮赶超"的氛围，形成任何事情都可以坚持下去的勇气和毅力！让学生跑出自信，跑出快乐！

小屏幕　大舞台

　　凡是在二班上过课的老师都会和我说同样一件事情：王老师，你们班上的多媒体电脑桌面真是太精彩了！这到底是为什么呢？因为从高二开始，我们班级的电脑桌面就成了班级的一个"舞台"，里面有喜悦、有鞭策、有感动、有激情……可以毫不夸张地说，二班的电脑桌面就是二班的一面变幻多彩的镜子，是一个浓缩的二班。

　　事情还要从高一说起，高一的运动会之后，许多同学都把自己在运动会上的飒爽英姿存进了班级的电脑里，有些爱表现的同学经常把自己的照片当作班级电脑的桌面。经常使用多媒体的老师也会时不时地夸上这些同学几句。这一夸，把更多好胜心比较强的同学的积极性给点燃了，以至于管多媒体的同学不得不来和我商量，怎么才能更好地"满足"同学们的要求？我当时灵机一动，何不把电脑桌面当作班级管理工作的一个平台？在经过一段时间的思考之后，我的思路逐渐清晰起来，在征求了很多同学的意见后，我决定把班级电脑桌面正式命名为"二班'星'舞台"，"舞台"由班委会主管，管多媒体的同学和信息技术课代表具体负责，数码相机等则由我提供。

一、激励与表扬的"颁奖台"

我们班每个月都会有一次综合评比，班委会把它统称为"群英荟萃"。它包括学习、纪律与卫生等方面，学习方面主要有进步之星、勤学好问、优秀课代表、未来状元等，纪律与班级管理方面主要包括守纪标兵、优秀班干、优秀学习小组组长等，卫生方面主要有劳动模范、优秀值日小组等，还有好人好事、班级特别贡献个人等评比。以往每次上榜的同学，我们都会用不同的形式公开表扬，但是由于需要设计、拍摄并张贴照片，往往会有一个比较长的滞后期。"大舞台"出现后，班委会按评比类别分别为获奖的同学们拍摄集体照片，并且在照片上配上班委会对这些同学的褒奖辞，然后上传到电脑上作为桌面。获奖的同学按类别每天轮流成为"舞台"的"主角"，每天早自习前，管多媒体的同学都会打开多媒体，这样全班同学都会在二班"群英们"的陪伴下开始一天的学习生活。由于大部分任课老师都使用多媒体上课，因此这些展示在"舞台"上的同学们无疑也成为老师们表扬的对象，在老师们的赞扬声中，"舞台"上的主角们虽然不断变换，但是却越来越多。更多的同学为了挤上"舞台"，更加努力学习，更加热心班级事务，更加从严要求自己，更加提高为同学们服务的水平。

二、昂扬斗志与挑战自我的"擂台"

学生的学习劲头都会有一定的周期性，这就需要班主任提前进行不同形式的调试。"大舞台"出现后，这里同时也变成了昂扬斗志与挑战自我的"擂台"。

从高一起，班级就实行了学习小组制度，学习小组在综合考虑学习成绩和性别的基础上平均分配，而且每个小组都给自己起了个响亮的名字，有的叫"光轮2011"，有的叫"常青藤"，有的叫"the one""蜗牛"等。每次月考之后，根据每个组的考试情况，班委会都会对学习小组进行一次公正的比较，对于进步的小组公开表扬。获得表扬的小组斗志昂扬，没有被表扬的小组则"摩拳擦掌"。为了正确引导同学们进行友好的竞争，我把几位组长召集在一起，向他们"面授机宜"，为什么不来个擂台比武呢？在我的主持下，各学习小组分别找好自己"比武"的对象，约定在进步总名次（组员进步的名次之和）、单科前十、班级三十强等方面展开竞争。竞争目标确定后，每个组长作为竞争责任人，再把组内每位同学的目标确定下来。最后我再把比武的两个组的总目标和成员的各自目标综合在一起，配上每个小组的"全家福"，考前两周在"擂台"上集中"叫板"，有的小组甚至配上音频，全组同学高呼口号，信心十足。为了在"擂台"上不输给对手，组内同学合作学习、争取荣誉的意识十分强烈，整个班级的竞争氛围十分浓厚。

三、沟通同学友谊与师生感情的"爱心台"

进入高二以后，班内逐渐兴起了一股为同学过生日的风气，大吃大喝，有的甚至三五成群跑去唱歌，这种现象如不及时扭转，将会对班风、学风造成很大的影响，同时也会产生安全隐患。但是如果采取强硬的措施加以压制，效果不仅不明显，还有可能引起学生的抵触，何不把学生过生日的主导权抓在自己手中呢？我首先请团支部书记把每位同学的生日登记下来，每当某位同学过生日时，团支部书记便会把他的照片放在"舞台"上，同时在早读课后伴随生日歌集体为他祝福生日，我也会送上一张写满祝福与鼓励的话语的贺卡。这种充满温情的祝福方式加深了学生对班级的依恋，融洽了学生之间的关系，同时也有效遏制了学生以往铺张浪费过生日的不良倾向。

后来有的同学通过各种方式把班级科任教师的生日也"打探"清楚，每当有老师生日来临的时候，我们可爱的任课老师的名字必然成为"舞台"的唯一贵宾，而全班同学也都会全体起立，以响亮的"老师生日快乐"，来表达对老师的真诚祝福，当然一束鲜花也会由班长适时送出。师生之情在这种充满爱的交流中得到进一步升华！

四、减负前进、弯道超越的"誓师台"

进入高三以后，班级间的竞争更加"白热化"，前几次大考班级名次有所下滑，最低谷时处于年级倒数。很多同学信心受挫，压力增加，失败情绪不断弥漫。有些同学甚至跟我提出了这样一个问题：为什么我们班比别的班抓得更紧，学得更苦，但成绩却下降了呢？针对班级蔓延的这种不良情绪，我也进行了深入的思考，除了新学期教师的调整，部分学生不太适应高强度的考试等客观因素外，更为重要的是，在处于人生转折的高三阶段，我们必须锻造出"永不言败"的班级精神！"大舞台"又肩负起了这一"伟大"使命。从这以后，每天早自习，"大舞台"上都会打出几条或长或短的"凡人名言"，这是班级六十二位同学对自己这个"家"的深情寄语。这些朴实的话语蕴含着对二班的深深情意和美好祝福，表达着不屈不挠的拼搏精神。其间我也在网络上找到许多激励人心的名篇佳句的音频（《少年中国说》《赤壁赋》等），和同学们一起高声吟诵。一周、两周……渐渐地，在班级周记上，越来越多的同学在传递着一个共同的好消息，一个自信、乐观，绝不轻言失败的二班回来了！在重塑班级自信的旅途中，二班也在不断地收获着成功的喜悦！第一学期期末考试班级总均分和分数段均有大幅度的提升。在高三下学期的几次大规模模拟考试中，班级成绩再次跃升，牢牢地"钉"在年级第二的位置，并且不断缩小着与第一名的差距。

小屏幕，大舞台，必将陪伴着二班走向更加美好的未来。

寝室里的"风波"

寝室是学生们学习与休息的重要场所，长期的集体生活，同学们之间难免会因为个性、习惯等方面的差异而产生一些矛盾。如何妥善处理这些集体生活中的风波，考验着老班们的管理智慧。

一、换寝风波

"王老师，你们班的刘蕾昨天到我这儿来，坚决要求调换寝室。寝室长张玲也表示希望刘蕾搬走。您看该怎么处理？"一大早，我便接到宿管老师发来的信息。

刘蕾和张玲住在同一间寝室，平时两人的关系还不错，没听说有什么矛盾，为什么要闹着换寝室呢？在接到宿管老师打来的电话后，我马上赶到宿舍，向宿管老师了解这件事情的原委。

据宿管老师介绍，刘蕾要求调换寝室的理由是，她和其他同学的生活与学习习惯不同，为了不打扰彼此，请求调换舍友，重新安排寝室。从宿管老师的介绍中，我得知刘蕾比较喜欢早起，中午也不喜欢午休，自己忙来忙去，对张玲和其他同学的休息产生了干扰。张玲作为寝室长，说过刘蕾几次，两人为此渐渐产生了矛盾。

当天晚自习，我邀请刘蕾和张玲一起到办公室谈一谈。刘蕾先开口了："老师，您别担心，我和张玲没什么矛盾，只是不希望因为学习和生活习惯的不同而干扰对方，所以想调换一下寝室。"刘蕾表面上说得很轻松，但是我看到她的嘴角在微微颤抖。张玲一直低着头，没有说话。从她们的表情中，我推测她们可能已经发生过比较激烈的争执。正好有一间寝室的同学因为生病请假一周，在与宿管老师协商并征求了她们的意见以后，我安排刘蕾到这间寝室先暂住一周。

一周以后，刘蕾又搬回了原来的寝室。我再一次邀请她们来到办公室。我首先请刘蕾谈一谈在其他寝室生活的感受，刘蕾腼腆地一笑："老师，其实每个寝室都有自己的风格，我还没完全适应就回来了。"看着刘蕾略带歉意的眼神，我微笑着说："你说到点子上了，关键在于适应，因为你们是在一个集体里生活和学习，我们每个人都有自己的特点，不能要求别人都和自己一样对不对？"刘蕾和张玲都点了点头。我看到，她们彼此的情绪在经过短暂的隔离之后，已经平静下来。我拿出一张纸，纸上有两个问题：第一，你们认为对方干扰自己生活和学习的表现有哪些？第二，仔细寻找一下对方的优点，回忆一下她们曾经对自己的帮助。这两个问题请她们和同寝室的同学一起完成。

第二天我收到了答卷，刘蕾、张玲还有同寝室的同学们回顾了在一起相互扶持与帮助的点点滴滴，也互相做了自我检讨。寝室的同学们都表示，以后一定会经常站在对方的角度考虑问题，互相体谅，互相包容。换寝风波暂时告一段落。

过了一段时间，刘蕾主动来找我，她对我说，自己在其他寝室一周的时间里，自己一直在观察和反思，发现每位同学都有自己的生活与学习的习惯，为了避免矛盾，她们之间制定了一个寝室公约，大家都按照公约的规定来执行。所以现在她们也制定了公约，规定了寝室的作息时间和注意事项，她和张玲以及寝室里的其他同学都按照公约的规定，来安排自己的学习和生活，原来的矛盾已经被大家共同制定的公约化解于无形之中！

二、小马"归"途

中学生很容易因为个性、爱好等原因而形成一个个的"小团体"。"小团体"既是她们互相帮助、互相进步的平台，但有时候，也是引发矛盾的诱因。

小马的性格比较活泼，平时大大咧咧，同寝室的小安、小吴和小夏却喜静不喜动。时间一长，小马便与本寝室的几位同学关系微妙起来。有一次，小马在班级周记上以"小马迷途"为题，向我倾诉了内心的苦恼，感觉因为性格上的差异，自己在寝室里很难融进小安她们的圈子，自己觉得很孤独，不知道怎样处理与寝室同学的关系。

"小团体"现象是中学生交往中常见的现象。小马之所以苦恼，是因为自己还没有被这个团体当作"自己人"。怎么解决她的困惑？如何让"小团体"变成"大家庭"？这些都是我们需要解决的问题。

小马的个性似乎是她与寝室同学融合不畅的主要原因。我找来小马，对她说："如果你能够保证安安静静一周时间，在这一周时间里，既不串寝室，也不在寝室里嘻嘻哈哈，我保证，你会收到意想不到的效果！"看着我信心满满的样子，小马点点头，答应一定做到位。

还没到一周，小安她们却跑来向我反映一个重要情况，小马不知道什么原因，这一段时间在寝室总是不言不语，好像变了一个人，老师您要不要关心一下她？我笑而不语，对她们说："这个任务先交给你们，怎么样？有没有信心完成？""有！"小安她们腼腆地笑了笑，使劲地点了点头。

在我的"指导"下，小安她们开始了对小马的"关心行动"。以前她们寝室去食堂吃饭，小安她们总是有意无意地和小马保持一点距离，现在小马坐哪儿，她们就聚到哪儿。以前吃饭，小安她们只埋头吃饭，现在她们也尝试着像小马一样，饶有兴趣地谈论着学校和班级里发生的各种事情，或者八卦一下娱乐新闻。

一个星期后，小马再次来到我的办公室，一见到我便大声说："老师，您的方法真管用，我发现，我收敛一点自己的个性，反而更受她们的欢迎！"看到她欣喜的神情，我决定再启发启发她："这段时间是小安她们对你特别好，对不对？那你怎样也对她们特别好呢？""那怎样才能对她们好呢？"小马一脸茫然。"你只要适当地收敛一下自己的个性，学会站在小安她们的角度考虑问题，同时发挥你数学比较好的优势，多帮助她们，这样你们会相处得越来越融洽！""嗯！老师，我明白您的意思，我一定不会让您失望的！"

过了一段时间，小马又写了一篇周记，名为"小马归途"。可以看出，她在集体生活中不断地成长着。

小马"归"途了，这更让我觉得有必要加强对学生集体生活的指导。我以"小团体和大家庭"为题，专门开设了一期班级讲座。在讲座开始之前，我播放了学生们进入学校以来的一系列集体生活图景：入学报到、国防教育、第一次跑操、第一次晚自习、第一次升旗、第一次班委会议……这些图片都是我用手机随机记录下来的，看到这些图片之后，很多学生都瞪大了眼睛。看到同学们的情绪已经被调动起来，我便从寝室的小集体生活谈到班级的大集体生活；从室友之间如何相处谈到班级同学之间如何增进友谊。无论在何种集体生活中，我们都可能会碰到与自己性格、习惯不同的同学，在这种情况下，我们需要的是包容和理解，需要的是学会改变自我和积极融入。在集体生活中我们应该相互帮助，相互扶持。在这次讲座结束的时候，我送给所有的同学一句话：珍惜每一位和你一起奔跑的同学！

如何适应集体生活是中学生踏入社会之前的必修课，也是班主任必须关注的重点问题之一。

今天，你在"伪学习"吗

　　"老师，我很苦恼，我真的已经尽力了，但是这次考试真的让我绝望了！"看到小路给我发的信息，我陷入沉思，小路在学习上一直很勤奋，为什么成绩总是上不去呢？她的学习能力还是有的，不至于每次考试都处于尴尬的位置啊。

　　以前，我也曾经与小路的家长谈过她的情况，当时，她的妈妈还很气愤地指出，小路在家根本就不碰书，在学校努力学习的样子是装给老师看的。当时我对家长的意见还有保留。现在看来，小路可能确实处于"伪学习"的状态。

　　像小路一样处于"伪学习"状态的学生不在少数，他们主观上可能并没有对自己的这种学习行为感到不妥。但是无一例外的是，他们的学习效果并不明显。

　　在我的职业生涯中，发现处于"伪学习"状态的学生，大多呈现出以下一些特点：

　　学习缺乏思考。学习是一种创造性的劳动，但是很多学生在学习中，仅仅满足于围着老师的指挥棒去转，满足于简单地背一背，满足于囫囵吞枣式地把老师的笔记抄下来……他们很少主动去深入思考，很少主动去发现学习中存在的问题，很少主动去尝试解决问题。

学习是为了取悦他人。处于"伪学习"状态中的学生，往往呈现一种被迫的状态，自己的学习意愿并不强烈和积极，但是在家长与老师的威严面前，他们又不敢去反抗，于是便营造出一种努力学习的假象。这些同学一般在父母或老师的眼前，表现得比较认真和投入，但是这种状态下的学生，并没有真正激发内心学习的驱动力，应付式的投入怎能有学习成效的回报呢？

急于求成，急功近利。很多同学急于改变自己与他人学习成绩差距较大的窘况，希望通过一段时间的努力与投入来迅速提升自己的成绩。当一段时间的投入没有明显成效之后，这类同学会迅速地偃旗息鼓，学习又会陷入低迷状态。

缺乏阶段性的目标。很多学生的学习目标是考上大学、找个好工作等相对空泛的概念。这种相对遥远和空泛的目标，容易让学生产生畏难情绪。而学习的阶段性特点决定了学生需要在阶段性目标的指引下，脚踏实地完成相应的学习任务，通过不断地实现阶段性目标，进而实现整体性学习目标。

做事杂乱无章法。处于"伪学习"状态中的学生，通常表现为课桌上东西凌乱，作业、书本摆放杂乱无章；做事拖拉，时间观念不强，做事效率不高。

"伪学习"状态是制约学生学习效果提升的重要障碍，如何减少这种"伪学习"状态的存在呢？我在班级采取了这样一些举措。

很多处于"伪学习"状态中的学生，有着明显的希望得到家长、学校以及同学认可的心理。这种心理，我们的老师何尝没有呢？希望得到别人的认可，而做出努力的样子，不能简单地被贴上"装样子"的标签，我们要看到他们有着潜在的向上的良好愿望。这一类"伪学习"中的学生，往往是"想而不能"，"想"

是愿望，而"不能"则是能力暂时不够，决心和信心也不足。在这种情况下，老师要多鼓励、多肯定、多帮助他们，这样可以更好地激发他们的内驱力，帮助他们树立自信心，增强学习的斗志。

制定合理目标。现在的家长对孩子寄予了无尽的期望，但是不是每个孩子都能让他们如愿的。时间一长，父母失望，孩子内心的自信也严重受挫，学习的动力也就会呈现明显的下降状态。针对这种情况，我在班级鼓励学生指定"知己知彼"的学习目标。"知己"就是要清楚自己的实力和水平；"知彼"就是要了解自己理想中大学的录取情况。在"知己知彼"的基础上，根据学习阶段拟定相应的学习目标。这种目标分为常规目标和阶段目标。常规目标就是按照每天的学习任务制定合理的学习计划，并努力完成。常规目标可以根据学习的需要，进行调整和完善。阶段目标主要以周或月为单位，以阶段性检测为依据，对自己学习目标进行检验和调试。这类目标不仅仅以完成与否为评价标准，还要辅之以反思和总结，学习效果明显的要总结好的经验，学习效果有问题的要反思和改进。

提高学习效率。很多处于"伪学习"状态中的同学，学习效率是非常低下的。学习效率的低下，有主观上应付的心理因素，也有客观上学习时间分配不合理、学习任务完成不及时的因素。要解决效率低下的问题，首先要让学生学会分配学习时间。每位学生每天的学习时间都是固定的，可以自由支配的时间主要集中在晚自习期间，我指导学生把晚自习时间分成两大块，一块时间用于处理当天的作业，一块时间用于针对性地补缺补差。每天的两块时间长短根据相应的任务量的变化而变化。其次，要让学生养成在规定时间内必须完成任务的习惯。晚自习期间主干学科作業必须在规定时间内完成，并由各科的课代表收齐。这种措施在很大程度上降低了学生拖拖拉拉的习惯。最后，改进学生的学习方法，也是提高学生学习效率的重要途径。很多学生在学习中不注意学习方法的总结和提炼，为此，我通过主题班会课的形式，不断地向学生讲解相应的学习方法。同时邀请以前的学长们以及一些学有所获、学有心得的学生进行一些学习方法的推荐与介绍。

开展励志教育。励志教育是以激发学生内在学习潜能为目标的教育形式。励志教育的内容和形式可以多种多样，因人、因时而异。学生入学之初，我们可以开展以展播理想中的大学为主要内容的目标激励教育，每位学生都有着一个心目中理想的大学梦，让他们在巡游各地高校中，逐渐增强学习的动力和勇气。在学期中，学生们的斗志因为各种因素而有所削弱，部分学生产生打退堂鼓的想法，这个时候，我们可以开展以"比、帮、赶、超"为内容的班级内部的竞争与比赛，让学生们在良性的竞争与互动中，逐渐收获自信，让少数因为学习困难而在犹豫徘徊的学生警醒过来。唱班歌、喊口号也是进行励志教育的重要载体，我们的班歌由学生创作并简单合成，虽然粗糙，但是学生们唱起来却倍感亲切和自豪！"在那一隅的地方，有一群正在奔跑的朝阳，呐喊！彷徨！挣扎！飞翔！我们在放飞自我的青春里成长！成长！"而我们的班级励志口号更是用呐喊的方式把自己内心深处的激情迸发出来！"我以青春的名义宣誓：即使成功远在天边，我也要勇往直前，不畏艰险！即使失败就在眼前，我也要坚守信念，挑战极限！"励志教育是一种集体意念的培养和升华，是把进取意识以正能量灌输的方式渗透进学生脑海里的教育方式。励志教育的有效开展，在很大程度上可以唤醒那些处于"伪学习"

状态中的学生们。

　　"伪学习"状态的存在，恰恰说明了发挥班主任工作价值的必要性。透过有效的德育活动，可以更好地去"伪"存"真"，让更多的学生以更饱满的热情去追寻自己的梦想！

晚自习，想说爱你也容易

　　"老师，近来我们班的晚自习纪律不是很好，尤其是在临放学的时候，班里面乱哄哄的……"纪律委员愁眉苦脸地对我说。其实她所反映的问题我也注意到了，虽然只是在晚自习的最后几分钟才表现出来，但是却折射出在此之前的更长一段时间里，很多学生已经逐渐处于松懈状态，长此以往必然会影响晚自习的学习效率，甚至对班风学风产生冲击。

　　为了快刀斩乱麻，尽快解决这个棘手的问题，我在没有充分了解具体原因的情况下，第二天早上便在班上宣布了一项规定，由班长在班上领头签署一则承诺书，承诺书的内容事先已经拟好：我承诺在晚自习期间，保持安静，不走动，不讲话，直至晚自习结束，如果违反，自愿罚站一堂课。在我的"注视"下，全班同学纷纷在承诺书上签了自己的名字。随后一段时间，班级日志上晚自习的纪律记录一直是良好，情况初步得到遏制。正当我为自己的"创意"洋洋自得的时候，我发现，尽管班级静悄悄的，但是很多学生的注意力并不集中，东翻翻西看看，有的学生甚至在看小说、玩手机。违反承诺书的现象又开始抬头，被罚站的学生也在增加。更让我吃惊的是一位学生在班级周记上对我直言："老师，您很高明，让我们'被承诺'了，但是很多人心服口不服，唯一改变的是现在大家晚自习不敢乱说话了，因为怕被处罚，但是这种强制手段只会让大家越来越疏远您，您现在在班级的支持率好像很低哦。"被承诺？一语惊醒了我，对啊，在解决这个问题的时候，我可能操之过急了，没有考虑到高一阶段学生的特点，只求用强制手段达到表面的管理效果，既没有治好"标"更没有抓住"本"！

要想解决这问题，还得仔细研究问题产生的原因。班会课上，我给全班同学布置了一篇小作文，名字就叫《晚自习的最后三分钟》，让同学们如实把自己在这段时间的情况描述一下，作文不需要署名。在学生的畅所欲言中，我发现很多同学并非有意去扰乱纪律，主要是晚自习时间很长，很多同学初中没有上过晚自习，感到很难适应。有的同学虽然可以坚持住，但是不知如何安排好时间，渐渐地懈怠情绪也就产生了。"标"虽然表现为纪律问题，但是"本"却是学生不知如何有效地利用晚自习。问题的症结找到了，接下来就要想办法对症下药了。

首先得尽快让学生接受甚至喜欢上晚自习。我校的晚自习每节课都在一个小时以上，中间休息十分钟，学生感到疲惫，进而难以坚持，这在所难免。我决定延长同学们的休息时间，即第一节晚自习下课前十分钟先在班级休息，这十分钟里，用班级的多媒体播放一些舒缓的音乐、优美的风景宣传片，甚至还有一些短小精悍的搞笑视频，让学生的大脑充分休息。有的时候也安排一两位学科拔尖的学生，就平时学习中遇到的一些问题与大家做个交流。尝试了一段时间后，很多学生很支持这种做法，有的学生把它比喻成"晚自习的小点心"。学生们对晚自习的认同度明显增强。

晚自习是学生消化吸收白天学习知识的主要时间段，对这段时间进行合理的安排、有效的利用，才能实现晚自习的价值。引导好学生在晚自习有计划地忙起来，纪律问题才不至于成为一个大问题。

　　针对高一新生对高中学习还不适应、学习缺乏主动性的特点，我要求每一位学生准备一个"计划本"，用来制订晚自习的计划。计划分为课内和课外两部分，在每个部分中又具体分为各个学科。课内计划以天为单位，主要是以处理当天作业为主；课外计划则以一周为一个时间单元，包括各个学科预习内容的安排、薄弱学科的强化等。每天晚自习前我请学生根据自身情况制订好晚自习的计划，每完成一项就在相关计划边上打一个勾，每天晚自习结束后根据完成计划的情况给自己评个分，每周则进行一个总评分。为了培养学生的自觉意识，我不定期地检查他们的计划本。同时针对一些意志力较为薄弱的学生，我专门协助他们合理安排晚自习的任务。对于表现较好，感觉有收获的同学，我鼓励他们把自己的心得体会写出来，与其他同学一起分享，共同进步。经过一段时间的努力，很多学生晚自习的利用率提高了很多，有的学生还把自己的计划延伸到了晚自习以后，被迫"开夜车"的现象减少了许多。

　　在一次班会课上，一位同学用这样一句话表达了自己对上晚自习的感受："晚自习，想说爱你也容易！"

没有"声音"的早读课

"王老师，这段时间，你们班早读课的声音可不是很响亮啊。"语文老师看似不经意的一句话，一下子引起了我的警惕！早读课，我也经常去转转的，难道我的耳朵能放大音量？为什么我每次去的时候，学生们的读书声比较大呢？难道他们是读给我听的？我一离开，他们就偷工减料啦？

为了一探究竟，第二天的早读课，我一改从前门到班级的惯例，专门绕道从二楼迂回到班级后门。当我推开后门时，发现同学们的早读状态正如老师所反馈的那样，声音稀稀拉拉，很多同学根本就提不起读书的劲头。原来，我的办公室位于教室的斜对面，每次看到我从办公室走过来，学生们便提高了读书的音量，等我一离开，他们便"原形毕露"了。

早读课是学生进行语言训练和学科知识积累的重要时间段，为什么学生们却是一副应付差事的态度呢？仅仅通过班主任的权威督促他们去大声朗读，提高的也仅仅是没有质量的"分贝"而已。早读课应该是学生与中外语言文学进行情感对话的桥梁和平台，是享受，而不是煎熬。

开展"两语小组赛"

以"友谊赛"的形式,从学生内心深处去激发他们的荣誉感,是快速营造早读课朗读氛围的有效方法。

在两语(语文、英语)老师的支持下,我在班级开展了一场为期两周的"两语小组赛"。比赛以小组为单位,参赛内容分为个人和集体两个项目。每天早读课,各组随机抽取一位同学到讲台上朗诵当天的两语课文,得分累计到小组成绩之中。集体比赛项目为小组集体朗诵当天需要朗读的两语篇目。评委由学生出面邀请当天值班的两语老师担任,比赛细则由学生代表自行商定。比赛结束后,其他小组要共同请得分最高的小组每人喝一杯奶茶。

"两语小组赛"的开展,迅速地烘托起了早读的氛围,在小组荣誉面前,每位同学都十分投入,早读课堂出现了生机勃勃的景象。

但是比赛不可能一直持续,集体荣誉感所带来的激励作用,只能在短期内扭转学生对早读课的应付态度。

增强课堂仪式感

学校的早读课,一般是语文、英语老师轮流到班级指导学生朗读。但是学校没有硬性的规定,所以老师一般也就是去转一转便回办公室去了。这就让学生觉得这不是严格意义上的一堂课,久而久之便产生了轻视和懈怠的情绪。

要提高学生对早读课的重视程度,增强早读课的课堂仪式感十分必要。新一周的早读课上，我早早地就来到班级，等所有的学生都到齐以后，我宣布从今天开始，早读课铃声响起后，班长立即发布全体起立的口令，全体同学以笔直地站姿，双手捧书，大声朗读十分钟，值日班长巡视，课代表站在讲台上领读。以前早读的时候，学生都是坐在桌前，不少学生甚至双手插在口袋里，书直接摊放在桌上，这样松松垮垮的读书状态，怎么能燃起朗读的激情呢？经过一段时间的实践，我发现，学生们双手捧书，站姿笔直地朗读，让学生对早读课的态度发生了一些变化，学生们朗读时的注意力提高了，声音变大了，早读课的氛围也相应浓郁起来。

合理分解早读任务

我们学校的早读课有三十分钟，如果从头到尾都要求学生大声去朗读，一节课下来，口干舌燥，疲惫不堪。为了解决这个问题，我和两语老师协商以后，将早读课划分为两个阶段。

第一阶段的任务由课代表提前抄在黑板上，内容根据教学需要安排，不拘泥于学科，只要两科总体时间均衡就可以。在这个时间段里，学生按照要求进行知识的朗诵和记忆。第二阶段则是现场验收阶段，验收的内容以当天任务为主，验收的形式包括学生之间相互检查，整体听、默写等。根据语言学科的特点，组织现场验收，学生的早读课便有了明确的目标和任务，学习效率也得到了提升。两语学科的课代表也可以根据教学的实际情况，对早读进行适度调整，积极配合老师的课堂教学需要。

精心准备"开胃小菜"

教材中很多文章写得很好，但是并不适合朗读，这难免降低了学生的兴趣，影响了早读的"气势"。为此，我请语文老师专门开列了一些适于朗读的文章篇目，比如《赤壁赋》《与妻书》《少年中国说》《再别康桥》等，我还在网上找到了这些文章的名家朗诵视频，给学生进行朗诵示范。这些文章或热血澎湃，或饱蘸深情，或荡气回肠。早读前用这些文章当作学生早读"正餐"前的"开胃小菜"，让学生在朗诵中激发出学习的兴奋点和内驱力。

设立"班级朗诵节"

一个优秀的班集体，需要不断充盈专属于这个集体的特色活动。我决定把围绕早读课所采取的一系列解决之策，内化、提升为班级文化的一个组成部分。

"班级朗诵节"在我的脑海中逐渐浮现出来。"班级朗诵节"安排在期中考试之后的一个周末，参与朗诵的同学既可以现场展示，也可以通过录音、录像的方式参与。第一届"班级朗诵节"的主题确定为"读懂家乡"，让学生选读与家乡有关的文学、诗歌，或者是乡土作家的作品。设计这个主题的目的，是引导学生更好地关注我们生活的这片土地，激发他们对家乡的热爱之情。

"朗诵节"得到了学生、家长、科任老师的热烈响应和大力支持。很多热爱朗诵、热爱文学的学生报了名。整个"朗诵节"持续了近两个小时。热心的家长们不仅带来相机全程录像，还为每位参加的学生定制了刻有校徽、班旗的茶杯，作为对他们积极参与集体活动的奖励和鼓励。

在师生们的共同努力和家长、科任老师的支持下，原本被学生视为"鸡肋"的早读课又渐渐焕发了生机。

第二篇　美好班级的温馨建设

　　班级是我们和学生一起用心经营的温馨"家园"。在这个集体里，班主任应该扮演怎样的角色？班级的文化符号和专属"标志"怎样建设呢？如何培育学生的爱心和社会责任感？我们怎样充分发挥学生的创造力？对于特殊群体的学生，我们应该如何激励他们更好地融入集体中来？

　　美好班级的温馨建设回答了班主任关心的问题。

来自"淘宝社"的"礼物"

韩大姐是我校的一位校工，她的爱人是我校的一位老师，不幸的是在他们的孩子还没出世的时候，她的爱人便因病离开了人世，韩大姐一直没有再婚，一个人带着孩子，生活很是艰辛。不过生活的艰辛并没有让韩大姐失去对生活的信心，她每天见到我们总是一脸灿烂的笑容。随着她的女儿升入初中，她的经济负担也越来越重。大家伙有心帮她一把又怕伤了她的自尊。

一天我在班级的字纸篓里看到许多饮料瓶，这些饮料瓶虽然不值多少钱，但是如果聚少成多，日积月累下来也十分可观。不如先把它收集起来，卖掉的钱可以作为学生们的心意送给韩大姐的女儿，帮助她买一些学习方面的书籍和必需品。既然是高中大哥哥大姐姐们的一点心意，韩大姐也就没有理由拒绝了，同时也可以通过这件事培养学生们的爱心和勤俭节约的意识。

说干就干，第二天我便召开了全班大会，把韩大姐的遭遇和我的想法告诉了学生们，听了我的叙述后，孩子们很受触动，纷纷表示愿意承担这项工作。我把报名的学生分成六组，每组学生负责收集当天班级产生的饮料瓶，并把它们送到我的办公室储存起来，每周汇总一次，并出售给废品收购站，收入由生活委员负责保管。随着气温的下降，买饮料和饮用水喝的同学越来越少，空饮料瓶自然也就屈指可数，这可急坏了生活委员，在和班长商量以后，他们在班级发起了一个倡议，大致的意思就是每位同学每天必须完成捐献一个空饮料瓶的任务。每天一个空瓶子，这在天气渐凉的情况下确实有些困难，有些同学为了完成任务，每天不得不跑去买瓶饮用水。"新政"推行没几天学生的意见便反馈到了我这里。生活委员和班长的本意是好的，但是这种摊派式的爱心活动能得到学生的理解和支持吗？在详细地了解了相关情况后，我在班级组织了一次讨论会：我们应该怎样奉献自己的爱心。在讨论会上，很多同学提出了自己对于爱心表达方式和意义的理解，同时也针对目前饮料瓶减少提出了自己的建议。有的学生说，我们班虽然减少了，但是我们整个年级乃至于整个学校还是很多的，为什么不能让同学课间去其他班级收集呢？还有的同学说，家里出现的饮料罐和饮料瓶也可以收集好带到学校来。同学们的建议很好，在他们建议的基础上，我把全班同学按照小组分为若干志愿小分队，每天利用课余时间去其他班级收集废饮料瓶，一天下来，收获颇丰。

在同学们收集饮料瓶的过程中，有很多其他班级的学生也参加了进来，看到这一现象，我灵机一动，何不趁机扩大战果？把有志于献爱心的同学们组织起来，组建一个爱心志愿者协会，除了日常开展收集饮料瓶工作外，还可以动员他们把班级同学们丢弃的废旧书报和其他有回收价值的物品汇聚起来，这样不仅可以解饮料瓶短缺的"燃眉之急"，还可以在更多的班级倡导勤俭节约的意识，弘扬奉献爱心的美德。我把这一想法向学校做了汇报，得到校团委的大力支持，以收集可回收废旧资源为对象的

"淘宝社"建立起来了，由我担任"社长"，社内同学根据分工，每天放学时把收集的"宝贝"归类之后放到我的办公室，每周请附近的废品回收人员来学校收购，所得款项交由"淘宝社"的同学们保管。"淘宝社"日渐壮大，为了响应创建全国文明城市的号召，"淘宝社"的同学们经常利用周末时间，相约到市内的各个小区、街道、公园、商场去"寻宝"，每次总是"满载而归"。几个月下来，"淘宝社"用淘来的"宝贝"换了一笔小小的"巨款"——两千多元。

用什么形式把我们的爱心"传递"给韩大姐呢？正在我为此事踌躇的时候，社内一位同学给我提了一个建议，快到元旦了，我们何不以"淘宝社"的名义给韩大姐和她的女儿发一个邀请，请她们参加我们"淘宝社"的新年活动，在活动中我们可以把我们的心意作为全社的"礼物"送给韩大姐。为了迎接韩大姐的到来，我动员学生把班级好好装点了一番，并准备了一段"淘宝社"成员制作的视频，视频中既有全体社员"寻宝"的剪影，也有社员们对韩大姐和她女儿的温馨祝福和鼓励。很多同学还利用收集到的"宝贝"动手制作了纪念品。当韩大姐和她的女儿步入到我们的活动现场时，"淘宝社"的全体成员发出了热烈的掌声。看到一幅幅温馨的画面，一句句真诚的祝福，一件件可爱的礼物，韩大姐哭了，哭得那样开心！这时，我代表全社同学，把学生制作的一艘小帆船送到韩大姐的手上，帆船里装着全社同学几个月以来积攒的一点"心意"。我对韩大姐说："这是同学们利用课余时间变废为宝，积累的一点心意，是他们的辛勤汗水和真情实意，您一定得收下。""请收下吧！"全体同学纷纷喊道。"嗯！谢谢你们！"韩大姐用颤抖的双手接下了我们的"礼物"。这时，社里的一位女生牵着韩大姐女儿的手，大声说道："以后我们就是你的哥哥姐姐，你有什么学习上的困难，就找我们!""对，周末我可以帮你辅导!"在热情温暖的氛围中，两个小时的活动结束了，但是我却久久不能平静下来，我从孩子们的表现中看到了真、善、美，体会到了真情、温暖和爱心!

班主任的四张脸谱

苏霍姆林斯基曾说："教育者最可贵的品质之一就是人性，对孩子深沉的爱，兼有父母的亲昵的温存和睿智的严厉与严格要求相结合的那种爱。"现在的高中生上与少年后期相接，下与青年前期相连，因此，在身心发育和社会成熟方面有一些交叉。根据不同学生的心理特点，班主任应该展示不同的教育风格，因生而异。

"严父"

高中生在日常的生活和学习中仍带有或多或少的草率和幼稚。有时为了显示个性，常常故意做出与众不同的冒险举动，把冒险当勇敢。同时他们思维中的独立性和批判性较初中有明显的发展，但往往失于片面和表面，往往强调事物的某一方面而忽视事物的另一面，理性不够。针对这种类型的学生，班主任应该像一位阅历丰富、思想深邃的严父，及时纠正他们的错误并加以理性的引导。小赵同学对时事非常关注，喜欢在班级里对一些热点问题发表自己的看法。随着中日钓鱼岛争端的加剧，在全国人民爱国情绪高涨的影响之下，小赵也坐不住了。他不仅在自己的校服上印上"踏平东京"的标语，而且还在班级进行积极的宣传与动员，准备在"九·一八"国耻日这天焚烧日货。班级其他同学在小赵的鼓动下，爱国热情空前高涨。在得知这一情况后，我利用晚自习请小赵同学和我一起到外面走走，首先我肯定了小赵作为一名高中生，能够关心国家大事，难能可贵。接着我又对他说："我和你一样都深爱着我们的祖国，我们都有爱国的热情，有民族的自豪感。听说你准备组织同学们焚烧日货，我的相机是日本品牌，我把它拿出来烧掉，你也把你家里的日货拿出来烧掉怎么样？"听了我的话，小赵瞪大了眼睛："那些东西是我爸妈用血汗钱买来的，烧掉它，家人还不心疼死！""那你准备烧谁的日货？人家的东西就是偷来的？"听了我的话，小赵低下了头，我接着说，"喊口号，喊不回钓鱼岛，让我们用一颗爱国之心，向我们的祖国献上我们自己特有的爱吧。这个特有的爱就是早日成才报效国家！"听了我的话，小赵使劲地点了点头。"明天我准备召开一次主题班会，由你向同学们系统介绍一下钓鱼岛局势怎么样？"小赵又使劲地点了点头。第二天的班会课上小赵做了充分的准备，系统地向同学们介绍了相关局势，还剖析了自己的幼稚行为。在爱国主义空前高涨的情况下，如果我粗暴地利用班主任的权威阻止小赵的行动，可能适得其反，但是根据高中生的心理特点因势利导，理性分析效果肯定更好。这就需要班主任像一位严父一样加以引导。

"慈母"

作为一位男教师，我深感自己在日常的班级管理中"刚毅"有余而"柔情"不足。原本开朗活泼的黄云在进入高二以后学习状态一直比较差，上课经常无精打采。针对她的这种情况，我严厉地批评了她几次，但是情况并未改观多少，相反她对我的疏远却非常明显。这到底是怎么回事呢？周末，我来到黄云的家里，结果却发现只有她年迈的奶奶在家。经过了解，原来黄云的父亲因为生意经营失败，为躲避债务，夫妻双双远走他乡。父母走后，债主经常登门讨债，让黄云倍感压力，同时她又不愿意让别人知道她的真实境况，怕被别人看不起。得知情况后我开始暗自自责。为了避免她被债主过分干扰，我通过争取，并征得她奶奶同意，在学校给黄云安排了一间寝室，并让班级里比较乐于助人的同学和她一起住。由于黄云的父母很难联系上，家里的生活仅靠奶奶可怜的一点积蓄维持，已经捉襟见肘。我一方面努力动员黄云的亲属与她的父母尽量联系，另一方面利用相关补助尽量照顾黄云，以解她的燃眉之急。周末的时候，我请黄云到我家做客，并让我的爱人做一些她喜欢吃的菜，陪她散散心，帮她购买一些生活用品。又到了一个周末，当我爱人往她碗里夹菜时，黄云的眼泪夺眶而出："老师，我现在感觉好像在自己家里一样。""傻孩子，这就是你的家啊。"我和爱人连忙安慰她。经过一段时间的调整，黄云脸上的笑容渐渐多了起来，学习的状态也逐渐恢复了正常。男性班主任可能很难扮演好慈母的角色，但是不妨动员各种力量，一起帮助自己把这个角色演好。

"良师"

要想成为一名优秀的班主任，很重要的一点就是自己的教学水平一定要让学生认可，同时在人格上必须能够对学生形成一种引领与指导，要让自己成为学生学习的榜样与楷模。

　　小孔是一位青年班主任，刚走上工作岗位便被委以班主任的重任。小孔也深知责任重大，工作上全力以赴，任劳任怨。但是在学期末的测评中小孔却意外地成为年级得分最低的班主任。看到测评成绩的那一刻，小孔老师哭了。等小孔平静下来之后，我告诉他，我也有过类似的经历，都是在没有任何思想准备和经验的情况下担任班主任工作，都是全身心投入，最后却是"伤痕累累"。原因在哪里呢？除了工作上缺乏经验，操之过急，必然会引起同学们对自己的逆反情绪以外，我们还有一个重要的环节没有注意到，那就是，我们只是凭借班主任的权威让他们畏惧，而没有因为我们的学识和能力让他们折服和钦佩。

　　小孔老师在班级管理上投入的精力很大，但是在教学上，因为时间分配不当，还处于被动应付的状态，教学效果不是非常明显。小孔意识到了问题的症结，这以后，逐渐重视在教学上的投入和钻研，精心备好每一节课，努力上好每一堂课，经常参加校内外的各种教学研讨和公开课活动。学生越来越喜欢他的课堂，同时，学生对他教学满意度的提高，也助推了学生对他班主任工作的认可。

"益友"

　　很多青年班主任刚走上工作岗位，往往因为年龄差距不大以及与学生代沟较小等原因，很容易和学生打成一片，但是如果师生之间界限不清晰，很容易引发其他的班级管理问题。

　　小刘就是这么一位青年班主任，刚走上工作岗位才两年，小刘的脾气很好，几乎不发火，很多学生都愿意下课的时候围着他问这问那。每逢元旦等节日，小刘收到的贺卡也是办公室最多的。直到有一次，小刘班级的一位学生因为迟到，被小刘请到了办公室。在办公室里，这位学生表现得一脸不在乎，还不断地强词夺理，这一下激怒了小刘，师生二人在办公室直接起了冲突。虽然在我们的劝解下，这位学生向小刘老师道了歉，但是临离开办公室的时候，他委屈地说道："刘老师，我对你这么好，你为什么这样对我？"

等这位学生离开后，我就"我对你这么好，你为什么这样对我"这句话，和小刘进行了一次长谈。我问小刘："学生们为什么觉得对你好，你就不能因为他们违反了校纪校规而处分他们？"小刘摇了摇头，一脸的无奈。"你和学生走得近，脾气也好，这是你做好班主任工作的前提之一，但是这也可能会让你陷入另外一种尴尬的境地。今天这位学生的情况就是一个信号。学生毕竟是未成年人，他们对于老师对他们和蔼可亲的理解，与我们对他们和蔼可亲的出发点是不一样的。师生之间的关系过于亲密和无界限的后果是，学生越来越把你看作是朋友而不是师长，朋友之间的关系是对等的，他认为对你好，你就必须对他好。时间一长你就被动了。""王老师，那以后，我是不是板着脸不苟言笑，就可以和他们保持距离？"我笑了笑："这样做，你又走到另一边去了。我们经常说老师是学生的良师和益友。班主任要成为学生的益友而不仅仅是朋友。只要我们秉持一颗爱心，不偏不倚地对待每一位学生，我相信即使你平时对他们严格一些，学生也一样会尊重你，喜欢你。"

老师就是要在学生成长的道路上扮演好引路人、领路人的角色，帮助他们解决人生的困惑，提醒他们注意在人生成长道路上存在的种种问题。

每周梦想秀

"老师，小庄又在班级吹牛了！要不要把他请到办公室来？"纪律委员急匆匆地跑来向我报告。看我点了点头，纪律委员领命而去。

小庄是班级里学习最不用功、最散漫且最喜欢"吹牛"的同学，为了治治他，我让纪律委员找一个他吹牛的时候，把他请进办公室。来到办公室，小庄似乎一点也不紧张，大大咧咧地站在我面前。"听说你当着全体同学的面，保证自己在期中考试中一定可以进步十个名次？"听到我这么问，小庄有点不好意思地挠了挠头："老师，我那是在吹着玩，没影的事。""老师可不认为你在吹牛，我觉得你完全可以做到。"看到我这么说，小庄把眼睛瞪得大大的，似乎不相信自己的耳朵："老师，您不是开玩笑吧？""我没有开玩笑，我说你行，你肯定行！"我斩钉截铁地对小庄说道，"不过，我觉得，你不应该让同学们觉得你在吹牛皮，你应该大声地、正式地把自己的梦想当着全班同学的面说出来。"

周一的早例会，我在黑板上写了三个字"梦想秀"，正当同学们面面相觑之际，我大声地宣布："今天早例会，我决定请一位同学当众谈一谈自己的梦想，下面请大家用热烈的掌声请小庄同学上台秀一下自己的梦想。"小庄在大家热烈的掌声和好奇的目光中慢慢地走上讲台:"同学们好,我今天想大声地和大家分享一下自己的梦想,以前大家觉得我经常吹牛,但是今天我不是要吹牛皮,请大家给点掌声鼓励一下好吗?"在同学们热烈的掌声中,小庄大声地说:"我的梦想就是希望在期中考试中前进十个名次!"听到小庄的这个梦想,很多同学开始窃笑起来。"小庄的梦想一定会实现的!"我一边说着,一边带头给小庄鼓起掌来。

追逐梦想的过程,一如我所估计的一样,小庄一开始热情很高,学习很自觉,话也少了很多,可是过了大约一周时间,小庄开始憋不住了。怎么办?在接下来的周一例会上,我又在黑板上写下"梦想秀"三个字,在同学们左顾右盼之际,小庄又走上了讲台:"老师,为了实现我的梦想,我能请您答应我一个小小的要求吗?我想和小郑坐在一起。"

小郑是一位学习勤奋,自律意识很强,而且很乐于助人的同学。让小庄提出这个要求,其实也是我在办公室和小庄说好了的,目的就是帮助小庄营造一个更为积极的学习氛围,让他可以更好地实现自己的"梦想"。

小庄的梦想还没到检验的时候,我又收到了小海的一张小纸条:"老师,您也能给我一个实现自己梦想的机会吗?我一直觉得自己有绘画的天赋,也一直想学习美术专业,但是,我的父母觉得美术专业没有前途。所以,我只能偷偷地画几幅自己喜欢的漫画,我想为我的漫画搞一个班级画展,您看可以吗?"

又是周一早例会,我在黑板上写下了"每周梦想秀"五个字,对着全体同学宣布:"从本周开始,周一的早例会改名为'每周梦想秀',我们的祖国正处于实现民族复兴梦想的伟大时刻,同学也处于一个爱做梦的时期,现在班级给你们提供实现自己梦想的机会,愿意的同学可以加入进来,和大家一起分享梦想，实现梦想！本周和大家一起分享自己梦想的是小海同学，他的梦想是当一名画家，用自己的画笔描绘心目中的世界。下面请小海同学说出自己的梦想吧！"我走向小海，并做递话筒状，小海低着头小声嘀咕了几句。我知道小海是不好意思，于是大声地重复着小海的话："小海的意思是他想在班级办一个自己的漫画展！"听到这个梦想，大家们沸腾了，小庄站起来大声说："小海，我可以帮你准备画夹！"

在同学们的鼓励和帮助下，小海的漫画展如期举行，让我惊讶的是，小海的漫画主题是"我和我的家"，漫画人物全是班级的老师和同学们，在小海俏皮的画笔里，我们都化身为一个个可爱的卡通人物。小海的漫画受到了同学们的追捧，甚至还惊动了学校的漫画社，他们请小海以"我和我的祖国"为题，创作一组庆祝中华人民共和国成立七十周年的漫画。

"每周梦想秀"周周都精彩。直到有一天，一位同学走上班级"梦想秀"的舞台时，他的梦想是请班主任也说出自己的梦想。面对这突如其来的状况，我稍微理了理头绪之后，缓缓地对同学们说："我希望可以放几天假，你们不知道，当班主任实在是太累了！"说完，我还故意用手捶了捶自己的肩膀。看着同学们略带惊讶的眼神，我故意提高嗓门："我的梦想能实现吗？""能！"所有的同学都大声地回答着我。

当天下午，几位班委会的同学来找我："老师，我们商议了一下，从明天开始，我们给您放假，我们是这么想的，每天由一位同学代行您的职责，如果有什么特别的问题，我们再向您汇报。"看到孩子们一张张认真、诚恳的脸，我点了点头，开始了自己的追梦之旅。

一开始，我还有点不放心，总是偷偷地去班级外面转一转，通过其他同学了解班级的状况。得到的信息是——一切正常。难道班干部的班级管理能力真的已经达到了我在与不在都可以驾驭班级的程度了吗？带着这样的疑问，一周时间过去了，结果是一切正常。

在新一期的"每周梦想秀"上，班长站在讲台上代表全班说了一个梦想：做最好的自己，做最优秀的集体！班长动情地说："感谢全体同学帮助班干部实现了班主任希望稍微减轻工作担子的愿望，虽然这一周，全体班干部很辛苦，但是如果没有全体同学的支持，我们班干部队伍是没有办法帮助班主任实现梦想的！新的一年就要来到了，这学期很快也要结束了，我希望我们班可以成为'最好的集体'！希望同学们可以成为'最优秀的自己'！"

"每周梦想秀"秀出了学生的愿望，秀出了班级的正能量，也秀出了一条班级管理的好路径。

特殊的颁奖礼

"老班，张腾昨晚在寝室哭了，您抽点时间安慰安慰他吧。"一大早，我便看到办公桌上留下的便条。张腾是班级的劳动委员，因为工作认真，任劳任怨，深得全班同学的信任。晚自习时，我请张腾和我一起到操场走走，一边走，一边试探着问张腾最近家里是不是有什么事情。张腾犹豫了一会儿对我说："老师，我觉得我有点坚持不下去了。每周回家父母都会问我成绩怎么样，其实，我已经尽力了，但是我的基础很差，所以我和其他人的差距一直都很明显，每次看到我的成绩时，家里人都会很不开心。"看到张腾痛苦的样子，我拍了拍他的肩膀说："你的努力大家都看到了，学习是一个渐进的过程，你本来基础就不好，要赶上其他同学，肯定得有一个过程，关键是跟自己比，看现在的自己是不是超越了过去的自己。"我的宽慰暂时缓和了张腾的情绪，但是怎样帮助他重树信心，激发他的斗志呢？

张腾的压力主要源自他的父母，因为他的父母自身都比较成功，所以对张腾也寄予了厚望，为了给他一个更好的学习环境，花了很大的代价让他到这所学校来借读。看来，必须要改变他父母对他的态度，让他们也学会欣赏自己的孩子。恰好，这时学校的优秀班干部与三好学生的评选开始了，张腾的学籍不在本校，按规定无法参评。我决定以班级的名义给他颁发一张特殊的奖状，而且利用期末的家长会，隆重地举行一次颁奖仪式。说干就干，我首先请班长偷偷地给班级每位同学发了一张精美的贺卡，让他们把自己对张腾的评价写在上面。贺卡收上来以后，我请班委会综合同学们对张腾的评价，拟了一个颁奖辞。奖状是必不可少的，买现成的奖状，不能突显这次颁奖的意义。在我的建议下，班委会特地制作了一本别开生面的荣誉册，荣誉册的第一面是一行用毛笔正楷书写的话：在我们眼中你是最棒的劳动委员！"二班好人——张腾"。第二面是一幅精心制作的图表，详细记录了班级历次获得卫生流动红旗的情况。第三面则是同学们偷偷用相机拍的一组张腾同学搬水、扫地等的照片。第四面是张腾每次考试的成绩曲线图，我惊讶地发现，张腾从进校至今年级名次已经上升了一百多名！第五面是我和各科老师对张腾的祝福与鼓励的话语。第六面则是班级同学们密密麻麻的签名。这一切，张腾自己毫不知情。

期末家长会如约而至，在进行完相关的活动后，我对全体家长说："每位学生都有他可贵的一面，也许，我们和他们相处久了，往往忽视了这些优点。为了弥补我们以前因为忽视而造成的缺憾，今天我们决定开展一次别开生面的颁奖典礼！"我的话音一落，班长便打开了多媒体设备，事先请学校广播员录制好的颁奖辞，通过浑厚的音响放送出来：

谁说"雷锋"已经不在了？在二班，就有一位同学，是他每天最先拿起扫帚为班级拂去第一抹灰尘，是他每天不辞辛劳为我们搬来一桶桶甘甜的纯净水源，是他每天弯腰捡走同学们无意间丢下的一片片垃圾。他从不张扬，总觉得自己是劳动委员，就应该身先士卒。在他的带领下，二班每次都是卫生标兵，在他的感召下，二班人爱班如家！他就是我们的"二班好人"——张腾同学！

家长们在聚精会神地听完颁奖辞后，先是愣住了，停顿了一会儿之后，班里响起了热烈的掌声。"那么我们就把主人公请上场吧。"此时已经泪流满面的张腾在几位同学的簇拥下走上了讲台。"下面请班长代表班委会为张腾同学颁发奖状！"雄壮的音乐声中，班长把全班精心制作的荣誉册郑重地交到张腾的手中，并且一页一页地展示给张腾和家长们看。家长们的掌声再次响起。张腾的泪水又止不住地流了下来。"下面请张腾发表一下获奖感言吧。"在我和家长们鼓励的掌声中，张腾深深地吸了口气，鼓起了勇气。

"王老师，说真的今天我很意外，感谢您的良苦用心，其实我一直在纠结，在犹豫，真的很痛苦，面对对我寄予厚望的家长和老师，我感到深深的自责，虽然我尽力了，但是，一直找不到成功的感觉，感到自己很没有用！今天看到同学们在荣誉册中记录的点点滴滴，我既感受到老师和同学们的深情厚谊，同时也看到了自己在同学们心中的位置，看到了自己对这个集体的重要性！我不能轻易否定自己了，因为这样既对不起家长和老师，更对不住自己！谢谢老师！谢谢各位同学！"

张腾的获奖感言几乎是在不断哽咽中完成的，而家长们的掌声也几乎伴随始终。

"那么我们也请张腾的家长说两句吧。"在张腾发言结束之后，我请张腾的爸爸走上了讲台。

"王老师，各位家长，今天我的心情非常复杂，甚至有点懊悔、痛苦。我和他的妈妈对他一直抱着极大的期望，希望他可以出人头地，稍有不如我们意的地方，就对他不断斥责，我们虽然给他提供了很好的条件，但却忽视了他的感受，一味地以成绩来要求他，没想到给他施加了那么大的压力。感谢王老师在家长会上安排的这个特别的颁奖仪式，让我看到了张腾优秀的另一面，这次家长会给我上了很好的一课。我请王老师放心，今天我在这里做个保证，一定多和张腾沟通，一定改变自己的教育方式。谢谢！"

张腾父亲的发言让张腾很激动，在热烈的掌声中，他主动走上讲台拥抱了自己的父亲，颁奖仪式达到了高潮。

在颁奖仪式结束后的很长时间里，很多家长还在班级 QQ 群里讨论着这件事，看得出来很多家长也是感触良多，因为他们讨论已经不仅仅是自己孩子的考试成绩了。

文科班的"百生讲坛"

"老师，我们班的'百生讲坛'被校刊报道了！"看到学生们喜滋滋的样子，我也喜笑颜开。要说《百家讲坛》，那可是央视大名鼎鼎的名牌栏目了。不过咱班的"百生讲坛"一点也不输给它。

要说起在班级开百生讲坛的缘起，那可有段心酸的经历。期中考试，班级成绩全线飘红，文史各科均居于年级倒数，这对于一个文科班可不是件好事。分析了原因之后，我发现大多数学生几乎都是两耳不闻窗外事，一心只读教科书，知识面太窄。怎么办呢？班里绝大多数学生都是住校生，平时很少有机会接触课外知识，有些学生甚至错误地认为只要把教材搞好就行了。所以当务之急是不仅要补充一些课外知识，而且还要潜移默化地带动他们去主动学习。

央视的《百家讲坛》很受欢迎，那我们何不来个自己的百家讲坛呢？让学生有意识地注重平时的积累，并通过自己的视角把它讲述给其他同学，不仅可以增强学生积累课外知识的意识，还可以让他们在这些活动中自我提高。何乐而不为呢？

我把自己班的这项活动命名为"百生讲坛"。百生讲坛利用下午的自习课每周开展一次。一开始我请语文老师、政治老师和我分别主持一期。语文老师主持的品味文学，用独特视角解读了青春文学作家韩寒的《三重门》，让全班同学耳目一新。我选择的题目是"传奇特工李克农"，通过查阅资料，把课题分为四目：隐秘之路、红色岁月、重庆谈判、朝鲜战争，通过生动、鲜活的历史故事，让学生看到了一位血肉丰满、功勋卓著的历史人物。政治老师则围绕着异地高考这一热点问题，把赞成和反对的不同意见，和专家学者提出的不同的解决方案呈现在学生面前，引导学生关注现实，思考现实。

几期讲坛让学生们回味无穷，接下来是动员学生们主动参与的时候了！讲坛主要分为三个大类：品茗文学、回眸历史、关注现实。品茗文学，是倡导学生用自己的语言品读文学作品；回眸历史，则是学生们对重大历史事件进行回顾，用自己的语言解读历史；关注现实，则是针对国际国内时事发表自己的见解。三个类别分别对应学生的语文、历史、政治的学习和拓展。

一、品茗文学

"品茗文学"源自班级图书角的名字，文学作品只有不断阅读和品味，才能真正理解其中的韵味。

苏霍姆林斯基就曾指出："无限相信书籍的力量，是我的教育信仰的真谛之一。"很长一段时间以来，在以教材为本、以升学为目的教育教学模式下，学生被淹没在题海里，沉重的课业负担，逐渐吞噬了学生读书的时间、读书的自由、读书的兴趣。

确定书目。这是指导高中生品读经典的首要工作。在语文老师的直接指导下，班级制作了一份读书问卷调查表，从阅读水平、时间、兴趣等方面进一步了解同学们的阅读现状和需求。结合高中学生的学习实际状况，在遴选书目时，不仅要更多地考虑到书籍的思想性、系统性以及与教学的关联性，还要考虑到所选书籍的篇幅。

组内交流。萧伯纳曾说："你我是朋友，各拿一个苹果彼此交换，交换后仍然是各有一个苹果；倘若你有一个思想，我也有一种思想，而朋友间交流思想，那我们每个人就有两种思想了。"组内的交流，促进了学生们对文学知识的进一步了解，对书中价值观念的进一步共鸣。

我按照同学们的意愿，将主动报名参与的同学分成若干小组，每个小组设置主讲同学1人，由他牵头，带领组内同学进行精读、摘抄和组内交流。

比如有的小组选择了王树增的《长征》。在阅读中，有一位同学在阅读笔记中写道：

"一代人有一代人的长征，一代人有一代人的担当"，这句话启发我们思考应该怎样继承先辈的遗志，在当代伟大事业中，如何开拓进取，奋发图强。长征是说不完的伟大史诗，是在党的领导和革命信仰的引领下全体党员创造的斗争新方法和战略战术奇迹，是老一辈无产阶级革命者思想智慧和高尚人格品德的体现，更是一段为了革命事业不怕牺牲、排除万难、突破极限的艰苦历程。书中一个个平凡的人物的信念坚定，一件件重大转折的意义深远，一场场战役的热血壮烈，在作者的笔下，仿佛让人穿越到了现场。我时常想，如果能把现有的物资，一件件传递到战士们的手中该有多好，那样就不再有被草鞋磨破的双脚，不再有受饥饿伤病折磨而倒在路上的生命和遗失的孩子，不再有弹尽粮绝的悲壮。新时代的我们不缺各种条件，而先辈们的宝贵精神和优良传统却可以传递到我们手中！这会是多么强大的组合！可是我们当中有一些人迷失了，骄傲了，自私了，忘记了我们这一代有自己的长征路要走。国家的政治经济都还面对着内忧外患，尤其是科技领域的雪山草地拦在我们面前，人民生活虽已脱贫但一定可以更加美好，这些就是我们的奋斗目标。我们还要用我们的光荣传统，继续走过万水千山，如同当年在崇山峻岭的泥泞道路上，为了心中梦想的苏区根据地，无论多大的困难都勇往直前一样。

伟大的长征精神在当代中学生心中扎根发芽。

讲坛分享。讲坛分享，由各组的主讲人，根据每个小组对文学作品的阅读、交流的体会，代表本组向全班同学讲述文学作品的核心内容、写作方法、精彩片段、所思所感等。论坛分享的形式可以是口头讲述，也可以通过 PPT，或者是音、视频等进行分享。

在分享《平凡的世界》一书时，主讲的同学以"守望精神的田园"为题，从"人生可以平凡，但是不能平庸""热爱劳动是人生的阶梯""挑好时代的责任重担"三个方面，向同学们讲述了小组同学阅读这本书的感受与体会。

《平凡的世界》起于平凡，终于平凡。主人公孙少平就是一位平凡的人，但是他从未向命运低头，在给妹妹的信中，他写道："我们出身于贫困的农民家庭——永远不要鄙薄我们的出身，它给我们带来的好处将一身受用不尽，但我们一定又要从我们出身的局限中解脱出来，从意识上彻底背叛农民的狭隘性，追求更高的生活意义……苦难难道是白忍的吗？它应该使我们伟大！"平凡的我们，可以努力成长为一个更好的自己，走出一条平凡而又奋斗之路。

"像牛一样劳动，像土地一样奉献。"孙少平在劳动中锻造自己，让我对劳动的敬畏之心油然而生、不断扎根，对我自己的父母也更加尊敬和感激。我们都应热爱劳动、学会劳动，在劳动中锤炼自己、磨砺自己。我们班的同学都很热爱劳动，所以，我们的教室、宿舍、书桌，都因劳动更加整洁、优美。在劳动中挥汗如雨的样子，真的会感动自己！劳动的样子，就是我们最美的样子！

孙少安的妻子这样评价他："这人身上有一股很强的悍性，跟上这种男人，讨吃要饭也是放心的。"孙少安对待感情理性，对待家庭敢于牺牲，对待事业敢于创新。他是这本书里，我最崇拜的人。因他的努力，家人、乡亲日子越来越殷实，越来越有盼头。他的形象不正是改革开放之初，我们的改革者的缩影吗？

新时代的我们，更要明白自己身上的重担，努力从"小我"向"大我"迈进。我们要勇担家庭重任，我们是家庭的一分子，我们的每一次努力就是对家庭的贡献和付出。我们要勇担集体的责任，我们是班级的一分子，做最优的集体，是我们的共同目标。我们还要做好勇担社会责任的准备，努力学习本领，准备好随时响应祖国号召，为中华民族的伟大复兴，贡献自己的光和热。

《平凡的世界》已经活在了我们的心中，每一个人物、每一个故事、每一处细节，总在不经意间感动着我们。我们要用自己的双手、丰富自己的知识，充实自己的生命！

高尔基曾经说过："人的知识愈广，人的本身也愈臻完善。"品茗文学的举办，让孩子们浸润书海，穿越时空与文学作品交流、共鸣，不断向理想中的精神世界攀登、追寻。

二、回眸历史

"历史是最好的教科书，也是最好的清醒剂。"2014 年 12 月 14 日，习近平总书记在视察南京军区机关时强调要"把红色资源利用好、把红色传统发扬好、把红色基因传承好"，党史、新中国史、改革开放史、社会主义发展史见证了中国共产党以马克思主义为指导，从成立走向成熟，带领人民推翻侵略与压迫，建立中华人民共和国，推进中国特色社会主义建设与完善，振兴世界社会主义发展的实践历程。

我把指导学生对"四史"进行学习与探讨，作为回眸历史的主要选题方向，让学生们围绕"四史"，阅读经典，感悟中国革命与建设的波澜壮阔。

"四史"内容丰富，我依据教育部门推荐的书目，结合学校图书馆的馆藏情况，确定了一批图书，这些图书有的是专业色彩较强的专业性历史著作，有的是趣味性较强的历史故事，还有的是线索比较清晰、细节刻画比较到位的历史人物传记。这些书籍相互补充，能帮助学生形成立体的知识框架。

我把班级分成四个小组，每组负责一个专题的阅读与分享。为了让学生更深切地知史爱党、知史爱国，了解建党建国来之不易，更加珍惜革命先辈浴血奋斗换来的幸福生活，更加热爱中国共产党、热爱社会主义、热爱自己的国家，我指导学生从历史细节中去寻找和确定讲坛的切入点与选题，组织材料，研读历史。

有一组同学以"粮票"为解读对象，设计了以"粮票历史漂流记"为主题的历史故事分享。

1993 年，粮票正式成为国人的记忆。这一年，也是中国确立社会主义市场经济体制改革目标的第二年。

粮票是 20 世纪 50 年代至 80 年代中国在特定经济时期发放的一种购粮凭证。中国最早实行的票证种类是粮票、食用油票、布票等。粮票作为一种实际应用的有价证券，在中国通行长达 40多年，随着社会的发展，它已退出了历史舞台，成为收藏者的新宠。

1950 年 1 月，新中国第一枚粮票——西南区粮秣票印制发行，它是现今见到的新中国第一枚粮票。新中国成立初期，由于物资极度匮乏，粮食无法做到敞开供应，中央政府开始酝酿粮食的计划供应，以满足全国人民的温饱。

1953 年，中央政府决定实行粮食统购统销政策，包括粮食计划收购政策、粮食计划供应政策。1955 年 8 月 25 日，国务院全体会议第 17 次会议通过《市镇粮食定量供应凭证印制暂行办法》。国家粮食部向全国发布这一暂行办法，很快，各种粮食票证铺天盖地地涌入人民生活。

到了 60 年代，除粮食之外，副食品、棉布、自行车、缝纫机、电视机等都需要国家发放的票证。1961 年，市场凭票供应的商品达到了 156 种。

由于严格的户籍管理以及城乡二元分割的制度，农村人无法像今天一样自由进城打工，因为每月定量供给的粮票、油票只有城市人口才有，没有城里人的身份，就拿不到这些票证，因此农民离开了土地，就无法生存。

除城乡之外，城市与城市之间的迁移，同样由于粮食关系的束缚而相当麻烦。当时的粮票分为全国通用和地方流动两种。只有全国通用的粮票才能在中华大地都生效。出差的人必须持单位介绍信去粮店换取一定数量的全国通用粮票。

在十一届三中全会之后，随着改革开放的推进，物资慢慢丰富起来，商品市场开始活跃，曾经严格的票证制度越来越松动，国家逐步缩小了消费品定量配给的范围。到 1983 年，由国家统一限量供应的只有粮食和食用油两种。

1984 年，在经过两年多的物价体制改革试验后，深圳市在全国率先取消一切票证，粮食、猪肉、棉布、食用油等商品敞开供应，价格放开。

改革开放的推进，发挥了价格机制、供求平衡机制的作用，故深圳取消粮食凭证供应制度后，并没有发生什么风波。一位市民说："没想到取消粮票后不但不会买不到粮食，而且买东西还特别方便，还可以根据自己的经济水平挑选不同质量的商品！"

1992年10月，党的十四大确立我国经济体制改革的目标是建立社会主义市场经济体制之后，全国各地先后放开粮食及其他产品价格，实行购销同价，促进粮食产销与市场接轨。

1993年，粮油实现敞开供应，粮票已无用武之地，被正式宣告停止使用。

改革开放的推进使我国工业与农业迅速发展，实现了物质上的富足，长达40余年的"票证经济"就此落幕，老百姓再也不用为找不到粮票发愁了。而今，我们在享受祖国改革开放成果的同时，也不能忘记那个艰难困苦的粮食短缺时代。

一张粮票的历史就是一部中国人民的奋斗史。新中国成立以来，中国共产党带领全国人民，立足国情，自力更生，探索建设社会主义现代化国家的历程，在这一伟大的征程中，我们虽然出现了一些挫折，但是党领导人民勇于克服困难，敢于创新，在实践中，创造了一个又一个伟大的建设成就！

三、关注现实

关注现实，引导学生关注时事，开阔视野，能提高学生分析、研究现实问题的素养。

时事讲坛，学生报名最踊跃。讲坛主要围绕近期国际、国内发生的重大和热点问题，遴选主题。班主任指导主讲的同学围绕主题牵头组建资料收集小组，资料主要依托班级网络。资料收集完成后，班主任和学生一起遴选材料、编辑内容。

每次讲坛，由一位同学就近期国际、国内重大时事进行综述，一位同学通过班级多媒体将有关图片和影音进行配合播放。综述之后，再由一位同学针对一两个重大时事进行相对深入的分析和介绍。每次学生讲述、评析之后，班主任再进行简要的总结和点评，并对学生发表的观点、看法等，加以必要的指导和阐释。"时事小讲坛"的开设，让学生主动关心、关注时事，并引导他们对时事进行分析和思考，这对文科生的学习具有积极的影响，同时，也提升了学生与国家同呼吸、与时代共命运的意识。

百生讲坛，极大地调动了学生主动提高人文素养的兴趣。在这之后，百生讲坛还逐渐增加了"乡土名人""学习方法""心理小贴士""班级管理我来说"等内容。同时，"讲坛"还拓展出了在线版本，邀请家长、校友、学长作为嘉宾，通过连线的方式，不定期进行专题讲座，不断丰富讲座内容。

班级专属仪式

生活中要有仪式感，这样生活才庄重有意义。同样，在学生们朝夕相处的集体里，也要有相应的仪式感，这样的集体才能让学生有归属感。如何构建具有班级特色的仪式感，我觉得可以从开展仪式教育活动方面着手。

仪式教育活动要体现庄严神圣，发挥思想政治引领和道德价值引领作用，创新方式方法，与学校特色和学生个性展示相结合。

新生入班仪式：热烈欢迎你自己！

"热烈欢迎你自己"是我每接一届新的班级都会开展的活动。新生在接到通知书和分班信息之后，会按照我的要求统一加入新班级的 QQ 群，在 QQ 群里，我会布置给全体新生一项入学作业——"热烈欢迎你自己"，用图文并茂或视频的形式，向其他新同学介绍你自己。图片或视频统一发给我审核，每位同学 2 分钟的时长。有的同学在家长的帮助下，动态展示了自己从出生到现在的照片，生动而又形象地向同学们介绍了自己的成长历程；

有的同学把自己获得的各种奖状集中展示出来，然后配上俏皮的画外音：一中，我够格吗？还有的同学在两分钟里集中展示了自己的才艺，古筝、钢琴、跆拳道样样精通。

新生入班仪式，既能让学生尽快消除对新学校的距离感，同时这种简短的介绍也能让班主任和其他同学更快熟悉自己，加速了新集体的融合。

班干部就职仪式：努力服务为同学！

班干部是班主任的左膀右臂，一个班级管理的好坏，班干部至关重要。为了增强班干部的集体荣誉感，在我们班级，班干部无论是"上任"或是"离职"，都会有专门的仪式。每次新干部上任，都会有专门的"就职仪式"。每位新干部都要在全班同学面前畅谈自己的"施政理念"，表达为全体同学服务的决心，并集体宣誓。

为了把二班建设成为有爱的先进集体，我们决心：

积极工作，无私奉献，以身作则，率先垂范！

我们将为二班的美好未来而不懈奋斗！请同学们相信我们！支持我们！

有些班干部因为个人原因，不再履行相应的岗位职责，这时班级也会举行相应的"离任仪式"，在离任仪式上，班委会赠送印有班级 logo 的茶杯或 T 恤衫等纪念品，以感谢这些同学为班级辛苦的付出。

通过简单的仪式，无形当中增强了班干部的集体责任感与服务意识，同时也有助于树立班干部在班级的良好形象。

班级生日仪式：自己的班级很有爱！

每个人都有自己的生日，我们班也有属于自己的生日。班级生日的想法源自同学们的倡议，大家觉得，组成一个集体很不容易，从不同的初中学校聚到一起，还要在一起生活和学习三年时光，大家更应该珍惜。于是有的同学说，那我们也给咱们班级过个生日吧！这个倡议立即得到大家的热烈拥护。班级生日定在哪天呢？有的同学建议以大家入学的那一天作为班级的生日，有的同学觉得收到录取通知书那一天，这个班级实际上就已经形成了。正在大家纷纷提出自己的看法时，我笑着对大家说，咱们班级能有自己的生日，是因为今天大家的倡议，既然是在今天倡议的，我建议就以今天作为咱们的生日，大家觉得怎么样？我的倡议得到所有同学的热烈响应。

班级生日的日期定下来了，那怎么给这个班级过生日呢？我又提出了我的建议，我们平常过生日都是父母长辈给我们买一个蛋糕，大家送上各自的祝福。但是咱们是一个集体啊，这个集体其实就像是你们朝夕相处的家一样，我们为她过生日，应该让她更加干净整洁、更加欣欣向荣、更加团结友爱、更加奋发图强对不对？虽然生日是在今天，但是我们要为班级准备我们特别的生日礼物，这个礼物就是我们要为咱们的班级做一次全身检查，来一次全面的卫生保洁，咱们可以开展一次人人为集体做贡献的活动，总之，我们要给自己的班级送上我们以实际行动献上的生日礼物！

班级生日，是班级的集体记忆符号，是一个班集体的文化标志，更是一个班集体向心力的源泉。开展为班级过生日活动，让所有学生找到了一种心灵的归属，并在为班级准备生日礼物的过程中逐渐加深了对集体的情感，从而进一步增强了班集体的凝聚力。

尊师敬师仪式：老师您辛苦了！

在班级日常管理中，可以利用仪式感强化学生对老师的敬意，尊重老师的付出，培育学生的感恩之情。

经常有老师跟我说，王老师，你们班的学生情商好高呀。每次我来上课之前，总会有课代表先行来到办公室帮我把教案等先送到班级，值日班长总会在门口迎接老师的到来，我还没进班，所有学生都全体起立了。而且他们每天对老师的问候都不一样，有的时候他们会说："老师您今天的衣服真好看！"有的时候，他们又会一本正经地提醒我："老师，请您注意休息！"后来，我一想，原来是因为他们看到我这几天总是打哈欠。

说起这些，就不得不说我们班的老师专属礼仪了。老师专属礼仪，是全班同学为本班科任老师准备的特殊仪式。专属礼仪包括常规细节和专属节日两部分。常规细节，强调的就是班级学生在与老师交往中需要注意的细节以及老师来上课时，学生需要注意的一些基本礼仪。通过这些细节，让学生们把尊师教育深深地烙印在一言一行之中。专属节日主要是指教师节。每当教师节来临之际，同学们都会把自己制作的班级纪念册送给老师们，纪念册包括全体同学感谢老师的一句话，老师在课堂上的"金句"摘抄，老师参加班级活动的留影等。在节日当天，课代表会代表全班同学郑重地将这些礼物送给科任老师。

在班级营造独特的仪式感和仪式活动，是加强班级文化建设的重要举措，也是提高班级凝聚力，增强班级向心力的有力举措。独特的仪式，会让学生终生难忘。

我们这样进行班级的文化建设

班级是学校进行教育教学的基本单元，是学生学习、活动、生活的主要场所。一个优良的班集体，离不开积极向上的班级文化建设。

何谓班级文化？班级文化是班级成员（包括教师和学生）在学习和交往活动过程中形成的理想信念、价值取向、态度、思维方式、行为方式及其物质表现形式。它包括物质形态的班级文化，如班级内部的文化建设与布置等；也包括精神层面的文化建设，比如班集体的理想、信念，班级的规章制度等。

班级文化的来源非常丰富，但并非杂糅而成，既有学校文化的沉淀，也有班主任、老师等文化观念的渗透与传递，社会、学生及其家庭文化对班级文化也有很大的影响。随着班集体的凝聚力、认同度的不断提高，其对班级文化的整合力度也在不断增强，并且不断打上班集体特有的烙印，使班级文化形成自己的特色与体系。

班级文化是集体成员在长期的生活学习中形成的集体价值观。这种价值观念不是一成不变的。随着班集体的不断发展，班级文化会不断累积，逐渐丰富和完善，它会随着时代的发展而被赋予更多的内涵。但是它也会受到来自社会上的一些思想文化观念的影响，需要我们对其不断进行润泽与引导。

一、班集体如何进行物质文化建设

荀子曰："蓬生麻中，不扶而直；白沙在涅，与之俱黑。"环境对学生的身心成长具有重要的影响。班级作为学校教育教学的基本场所，学生大部分时间都身处其中。优良的班级环境，对学生良好道德品质的养成、健全人格的培育、高昂精神状态的激发具有积极的作用。

班级的物质文化建设应以简洁、朴素、大方为基调，要能充分突显班级的特色。

（一）墙面文化建设

苏霍姆林斯基说："要使教室的每一面墙都具有教育的作用"。

学期伊始，在征求学生们意见的基础上，确定了"做最优的集体，做最好的自己"的班训，并且请书法水平较高的同学，用毛笔誊写好，张贴在班级的正后方墙面上。班训代表着全班同学的价值观和奋斗目标。张贴在教室后面的墙上，时刻提醒和激励着大家。

在教室侧面墙上还张贴着"小事成就大事，细节成就完美""人生重要的不是所站的位置，而是所朝的方向"等励志标语，激发学生学习的斗志，树立他们从小事做起、从每天做起的决心。"社会主义核心价值观""中学生守则"等张贴在黑板两边的墙壁上。班级里还张贴了"三将军"等当地名人的画像，让学生自然而然地感受到当地名人的爱国情怀。世界地图、中国地图、本省地图必不可少，学生在浏览地图的时候，可以培养他们放眼世界、情系乡土的情怀。"学习之窗""英语角""星语心愿""佳作概览"等功能区标识，营造出浓郁的班级学习氛围。

（二）注重教室绿化

有一次，班级学生把教师办公室废弃的两盆多肉搬进了教室里，原本看似已枯萎的多肉，在学生们的精心照料下，逐渐起死回生，肉嘟嘟的，非常可爱。学生们课间也喜欢围着多肉，叽叽喳喳，几位同学还主动当起了这两盆多肉的"保育员"。小小多肉，唤起了学生的责任感，让我看到了他们对生命的尊重，同时也让班级变得更加温馨。

于是，我提议各组轮流组织学生把家里的植物带到学校里来，大家一起来分享绿色好心情。很快，班级的窗台，走廊里便摆放了各式各样的红花绿草。学生们一起施肥，一起浇水，课间围着这些植物叽叽喳喳，成为班级一道温馨的风景线。

教室里适当摆放绿色植物，不仅净化了空气，美化了环境，也让学生们在紧张的学习之余，通过与花草相伴舒缓了紧张的学习情绪。

（三）电子相册——精彩瞬间，记忆永恒

班级的活动，同学们学习、生活的场景，这些或精彩或普通的瞬间，都是班级文化建设可资利用的重要素材资源。

定期设置"照片电子屏"是一个既经济又便利的办法，学校的电子班牌正好可以派上用场。同学们纷纷把在体育节上的矫健身姿，艺术节中的轻歌曼舞，远足中的互帮互助，晨读时的琅琅书声记录下来，制作成电子图片集，在电子班牌中定期播放，吸引了很多其他班级的学生驻足观看。

后来，同学们的日常劳动、请教老师问题等场景也被我随机拍下来，放进电子相册。电子相册每月更新一次，看似普通的照片，却真实地记录着学生们生活的点滴和成长的足迹。

二、班级精神文化建设

班级精神文化是班级文化的隐性表现，是班级师生在长期的学习与生活之中逐渐积累、孕育和发展起来的。一般而言，班级的精神文化包括班级的整体价值观、班风与学风、班级的凝聚力、班级师生的和谐程度等。

（一）班级精神文化的锤炼

开展读书活动。在我的指导下，班级专门开辟了读书角和阅报栏，每位学生从家里带来一本中外名著、名人传记等书籍。班级定期从图书馆将《意林》《读者》《青年文摘》《半月谈》《中国教育报》等报刊借到班级供学生们阅读。班级定期进行读书交流和分享活动，互相交流读书的心得体会。学生们从知识的海洋里不仅汲取了知识，开阔了视野，同时也进一步浸润了心灵，班级的书香氛围更为浓郁。

开展群星闪耀活动。对学生进行适当的荣誉激励，对形成良好的班风很有必要。我在班级设置了学习之星、进步之星、文明之星、劳动环保之星、积极奋进之星、自强不息之星、强身健体之星、志愿服务之星、吃苦耐劳之星等奖项，奖项涉及德智体美劳等诸多方面，每月评选表彰一次，在教室的荣誉墙上专门张贴"群星"们的生活照片，以及他们自己的一句话感言。群星闪耀活动，让班级充满了积极向上的育人气氛，学习榜样，成为榜样，让班级始终弥漫着正能量的氛围。

开展班歌、班训、班徽活动。班歌、班训、班徽的制作，是凝结、固化班级文化的重要措施。

旗帜是一个团队文化的象征，班旗是一个班级文化的名片。为进一步丰富"一源五脉，拥湖育德"的校本德育内容，提升学生"爱党、爱国、爱校"的精神追求，我依托自己主持的工作室在巢湖一中、巢湖三中等校开展了"风扬旗彩，图展班魂"班旗设计活动。在工作室各位老师的指导下，学生从自己班级的特点出发，结合环巢湖的文化元素，设计出了诸多丰富多彩的作品：

或通过简单的线条勾勒、紧密的布图结构和线条分配，表达了班级团结友爱的和谐主题；或通过图形和字母的搭配组合，用蕴含丰富的图形和字母表达了对班级和学校的热爱，透露了他们心中的梦想和对未来的憧憬；或通过精美赏心的图案设计和颜色搭配，展现了独属于他们班级的青春时尚和个性风采。精彩纷呈的设计作品，是一次精神上的饕餮盛宴，彰显了广大学子自强远志、追求卓越的青春宣言。

（二）班本文化课程的建设

班本课程是由师生开发的，以班级为单位，带有明显班级特色的课程体系。班本课程的开发，提升了班级精神文化建设的内涵。

核心价值课程。开发价值课程，就是将学生价值观的塑造与培育，贯穿于学生教育的整个过程，在教育教学实践中，将社会主义核心价值观融入其中，建构起班级的价值体系。

生命健康课程。关注学生的身体健康，培育学生珍爱生命的意识，也是班级精神文化建设的重要任务。生命健康课程以阳光跑操、精彩大课间、周末远足、趣味体育课、多项体育比赛等活动为主，让学生在形式多样、丰富多彩的体育活动中，培养健康的体育运动习惯，树立积极向上的生活理念。

各美其美课程。美育班本课程是提高学生欣赏美、创造美的重要途径。通过组建班级艺术兴趣小组、户外实践社团等来启发学生的创造性思维，提升学生辨别真善美的能力与素养。

主题实践课程。班级系列活动的开展，有利于厚植班集体健康成长的土壤，营造班级集体氛围，加强班级的凝聚力。班级要拥有专属于这个班级的节日、活动、纪念日等，比如"班级生日""主题班日""我们的老师"等。这些富有特色的节日、活动、纪念日会在学生们的学习生涯中留下深刻的记忆。

（三）班级舆论的引导

健康积极的舆论导向，是班级精神文化建设的重要基础。

巧用板报。列宁说过："人改造着环境，环境也改造着人。"板报是班级舆论宣传的主阵地。科学合理地进行板报宣传，针对学生身心成长的特点，系列策划板报内容，利用如爱国爱家、集体主义、珍爱生命、感恩教育、理想信念、自信教育、传统文化等主题，在班级形成正确的舆论导向。

挖掘乡土。乡土文化中有许多健康积极的传统文化基因，而且这些文化基因与学生的生活距离较近，便于开发。比如我们汲取了巢湖区域的"卧牛"精神，开发出"卧牛"劳动节；将传统庐剧等非物质文化遗产搬进课堂，让学生领略传统文化的魅力。将乡土文化融入班级精神文化的建设之中，对于激发学生对家乡、对传统文化的热爱有着潜移默化的作用，有利于树立他们的民族自信心。

言传身教。"喊破嗓子，不如做出样子。"班主任要用自己的榜样言行和正确的价值观念，来潜移默化地感染和影响学生。要求学生不迟到，班主任要率先遵守；要求学生有仁爱之心，班主任要主动关心班级的困难学生。班主任要主动降低姿态，去倾听学生的心里话，平等地对待每一位学生。班主任的言传身教，率先垂范是锻造积极向上的班级文化的重要保证。

班主任工作就是以心育心、以情共情、以德育德的创造性精神劳动。班级的文化建设过程就是全体师生一起追寻与实践这些价值的过程。

第三篇　班级正能量的有效积聚

一个优秀的班级，必须要进行正能量的持续积聚。

班干部是班主任管理班级日常工作的左膀右臂，是班级的领头羊，是班级正能量的示范者、引领者。优秀的班集体，必须要建设一支非常出色的班干部队伍。

班级管理的组团创新，班级制度的良性发展，厘清班级管理中的"伪民主"，发挥班级管理"仪式教育"的作用等，都是积聚班级管理正能量的有效路径。

班长辞职以后

尊敬的王老师：

　　经过反复考虑，我还是想辞去班长一职。希望能得到您的批准。

您的学生　张田

　　看到这份躺在办公桌上的辞职信，我并不震惊，张田是我指定的班长，工作认真负责，但是在驾驭班级能力方面总是不尽如人意。现在的中学生虽然自主意识很强，但是自律意识却很差，生活自理能力也有待提高。在这种情况下，班长作为班主任的主要助手，承担的责任和任务也就更加繁重。我以前虽然意识到了，但是却一直没有采取有效的措施加以解决。这次张田要辞去班长职务，让我意识到减轻班长负担，培养和锻炼班干部队伍整体管理能力和协作意识迫在眉睫。

第一步：岗位大练兵，储备更多的班级管理人才

　　目前的班级管理架构中，班长负总责，班主任只要不在班级，他就是班主任的角色。因此无论任务如何分解，最终都还是会集中到班长这里，这样班长的工作负担无形之中就会加重，同时也很容易成为班级矛盾的焦点，时间一长，自然容易倦怠。

　　在还没有合适的班长人选的情况下，不妨先挖掘现有的班干部队伍的潜能，让他们轮流去尝试一下担负班长的角色，同时不同岗位的同学之间也可以进行轮换，这样既可以锻炼整个班干部队伍的能力，也可以提高班干部之间协作的意识。根据现有班干部的情况，我制定了班长轮换制度的大致内容，每周由一位班委会同学担任班长，他原来的岗位则由其他同学分担。在每周的班会课上，都要举行新旧班长的交接仪式，卸任班长要对自己一周的工作进行自我评价与总结，新任班长要对未来一周的班级工作进行规划并发表自己的"施政演讲"。

第一周就由团支部书记刘华来试行担任班长，他的岗位由学习委员暂时代理。在他走马上任之前，我和他进行了一次长谈，详细地对班长的任务和角色进行了介绍，并就班级管理中可能出现的问题进行了预判。刘华担任班长的一周，总体而言状态比较平稳，他自我感觉良好，同时对下一次再次轮换为班长充满期待。从刘华的状态中，我发现轮换制度是一条解决班级主要班干部担子过重的好路径，同时也可以提高学生们管理班级的能力，为班级培养和储备更多的管理人才。

经过几周的轮换，有些问题也集中暴露出来，少数班委会干部缺乏自信，面对班级问题有时自信不足，处理起来魄力不够。这也直接导致不同的班干部担任班长时，班级管理的效果有明显的差异。如果不尽快改变这种状况，轮流担任班长的制度设计初衷将很难实现，少数几位同学又将成为班长的不二人选，张田辞职事件又将重演。

第二步：树立威信，让班干部成为一面面旗帜

同学们整天生活学习在一起，亲密的同学关系对于班干部的威信有一定的稀释作用。少数同学在轮岗过程中出现管理效果打折扣的情况，最主要的原因是在同学们心目中的威信不足。

威信如何树立呢？仅仅依靠班主任的授权肯定是不够的。威信源自工作，部分学生在轮岗过程中缺乏威信，主要是他们担任班长的时间过短，还需要不断历练。于是，我有意将几位威信稍差的同学的岗位时间做了调整，比如有重大集体活动时，就由这些同学担任班长，去牵头组织。这种有意识的锻炼，使他们得到了快速的成长，也增强了他们的威信。

除了培养和锻炼，对轮岗班干部们的严格考核更是检验他们工作成果、提高他们威信的重要途径。每位参与轮岗的班干部，在轮岗结束后都要由全体同学对他们的工作进行测评，肯定优点，指出不足，以便于在后面的工作中进一步改进。

第三步："你行，我也行！"吸引更多同学加盟班级管理团队

除了班长采取轮换制之外，也可以调动更多的同学参与到班级管理中来，这不仅可以增强整个班级的凝聚力，也可以让更多的同学更好更准确地理解班级管理的意图，更加自觉地配合班干部的管理。我还在班级发布了"你行，我也行！"的求贤令。求贤令把班级管理岗位的名称、职责要求以及申报的条件和流程做了详细的解读，所有同学都可以根据自身的特点选择一至两个岗位。为了科学地引导同学们选择岗位，我专门就不同岗位对不同同学素质与特质的要求做了解释，比如细心的同学就比较适合担任生活委员、班级多媒体和电器管理等岗位。

"求贤令"发布之后，同学们踊跃报名，有的岗位出现了"爆棚"的情况，在这种情况下，我对同学们申报的岗位进行了进一步的分解，在征求大家同意的基础上，按照岗位需求，对男女生比例和人数做了微调。为了进一步加强同学们在各自岗位上服务同学的意识，每位同学在上任之前，都要面向全体承诺，恪守岗位职责，服务全体同学。每个岗位每位同学都有固定的服务周期，周期结束由全体同学和班主任一起对他们的工作进行点评，并进行无记名的投票，以决定是否允许他继续在这个岗位上进行服务。

第四步："分总结合，运转高效"的班级良性管理模式

要减轻班长的压力，还要合理地分解班级工作的内容，避免班级管理出现"政出多门"的情况，造成人人都管事，但人人都不负责的局面。班级管理的内容大致可分为学习、纪律、卫生、宣传、体育五大方面内容，通常情况下，都有相应的班干部负责管理。这看上去分工合理，但存在的问题就是，很多时候，一件班级事务包含若干方面内容，分别负责的班干部最后还会把球踢给班长。

要解决这个问题，比较有效的办法就是把问题前置，建立一个"分总结合，运转高效"的班级良性管理模式。每周一，轮值班长会召集所有的班干部开一个简短的班务会议，在会上，班长根据班级的工作重点把有关工作进行布置，对于可能涉及的几个岗位的问题，提前进行分工，并由班长负责协调和监督。班长抓总，其他班干部分工合作，既避免了所有事情都是班长一双手抓的局面，也进一步明确了每位班干部的职责。这样班长就可以从具体的事务中摆脱出来，将更多的精力放在督促和提醒班干部尽责履职和提高班级管理的质量上。

良性的班级管理制度是班级管理水平不断提升的保证，充分动员学生合理分担班级责任，是保证班级管理水平持续稳定的重要途径。

"班级议事会"诞生记

　　李章，资深班长，工作能力极强，在班级威信很高。班委会在他的领导下成为我开展班级工作的得力助手。

　　一天，我来到办公室，看到我的桌上放着一封没有署名的信件。打开信件一看便知道是李章写的。信上写道：老师，我今天在处理一起班级纠纷时，张希说我偏袒另一位同学，还说我是班级的"大总管"大权独揽，可是我没有啊，为了我的清白，我有一个小小的请求，就是在班级设立一个班级议事会，用它来监督我和其他班干部。

　　李章的建议，很出乎我的意料，也很让我欣喜。出乎意料的是，作为一个高中学生已经知道权力需要制衡；欣喜的是，他敢于主动请求老师去建立这样一个机制来约束自己的行为。

　　如何去建立一个李章所建议的"班级议事会"呢？我决定先听一听李章的建议。晚自习的时候，我和李章在办公室开始了面对面的交流。李章建议的灵感主要来自历史教材中提到的"权力的制约与平衡"相关知识，李章觉得自己一心为了班级，做了大量的工作，但是还是有少数学生会觉得自己不够公正，自己心里多少有点委屈，张希的话更加刺激了自己，所以才提出了这个想法。他觉得通过选举的形式，让大家公推一些比较公正的学生组成一个独立的班级决策和监督机构，以后诸如班级活动的开展、班级规章制度的调整、班级学生纠纷的处理、班级卫生的打扫等工作，都由这个机构决定和参与监督。这样，班长和班干部们主要负责执行即可。

与李章的谈话，打开了我的思路。在班级管理中，班主任可能更多地考虑到了如何建设班干部队伍的问题，而忽视了如何去加强对班干部队伍的监督与约束。当班干部出现管理失责或者处事不公的问题之后，班主任惯常采取的方式是更换班干部，或者稍加约束，但是这些都不能从根本上解决问题，久而久之，班干部和学生之间的隔阂与矛盾会越来越尖锐。

与其不断地进行班干部的调整，何不从机制的角度去解决班干部可能存在的管理问题呢？

"班级议事会"如期提上了日程。我给这个即将产生的班级新机构的定位确定为，负责班级重大事务的决策，监督和提醒班干部履行职责，定期总结和点评班级管理工作，反馈同学们在学习、生活等方面的诉求等。

"班级议事会"由各小组公推产生，每组一人，共计八位同学，班委会成员不参与。成员每两个月进行一次组内信任投票，不信任票多于小组一半的，则取消资格，由小组另行推选。每周一班会课上，"班级议事会"的代表，向全班同学和班干部反馈上周班级管理与班干部工作的有关情况，提出改进意见与建议。"议事会议长"由学生"议事会"成员轮流担任。

"班级议事会"成立之时，我在班级举行了一个简短的仪式。同学们用 PPT 打出了每位成员的名字，并且颁发了由爱好书法的学生手写并且有我签名的聘书。同时，"议事会议长"还带领"议事会"成员面向全班学生进行了"履职宣誓"。"班级议事会"由此正式成立!

为了能够让班委会和"班级议事会"从一开始就能够形成班级管理的合力,提高学生自主管理的效率,我决定以活动的形式,发挥"班级议事会"对班级管理的正向作用。

长期以来,我们的班级公约,都是由我草拟,然后直接在班级实施的。最近一段时间以来,有不少学生觉得有的规定与现在的班级实际情况有不合拍的地方,而我一直也没有找到合适的机会去解决这一问题。何不把重新修订班级公约的任务交给代表班级普通学生群体的"班级议事会"呢?

中学生正处于思想、意识急剧转型的阶段,在班级管理中,他们希望可以参与其中,这对于非班干部的学生尤为重要。通过"班级议事会"这种形式,引导全体学生根据《中学生守则》来制定班级的制度、规章,形成更符合班级实际的规范性文件,有利于营造一个更加有序、规范的班集体。

这是"班级议事会"组建以来着手准备的第一件大事,也是进一步规范班级管理的大事。我请文印室将《中学生守则》和《中学生日常行为规范》等材料打印出来,让"议事会"的同学们认真阅读。很多时候,我们的《守则》和《规范》只是悬挂在墙上,老师和学生很少去真正研读。在"议事会"的同学研读的基础上,我利用班会课,让"议事会议长"带领全体同学逐条学习《守则》与《规范》。因为这个集体是第一次自己来制定班级公约,所以同学们特别踊跃。在"班级议事会"的同学们带领下,他们逐条仔细研读,并结合班级的实际情况,提出自己的见解和建议。在研读和学习阶段结束以后,我要求学生在原来班级公约的基础上,提出自己的书面建议,并按照小组提交给"班级议事会"的同学们。

在接下来的一周里，学生们纷纷就班级公约提出了修改的意见。这当中还有很多学生关注到了我平时可能忽视的细节。在经过学生们充分的讨论之后，所有的意见都汇集到"议事会议长"手中，在"议事会议长"的带领下，"议事会"的同学们再根据同学们的修改意见，形成了班级公约的修改稿。修改稿经过我的审定之后，再交由全体学生表决。

表决的过程，实际上是学生们对班级公约再一次学习的过程。同时，庄严的流程，也在无形中增加了新的班级公约的约束力。

表决是逐条进行的，由"议事会议长"同学逐条宣读班级公约的细则，全体学生举手表决，达不到三分之二多数的条款，则要进行进一步的修改。

当由学生们通过的班级公约正式实施之后，学生们遵守规则的意识和维护班级公约权威的主动性明显增强了。而"班级议事会"的影响力也随之有了更为明显的提升。

在日常的班级管理中，少数调皮的学生，经常会出现一些违反校纪班规的事情。一味地惩罚似乎已经让他们产生了免疫力。这时候，"班级议事会"收集上来的建议便起到了重要的作用。有的同学说，一味地惩罚只能让他们感觉到自己在这个集体里越来越被边缘化，也就会越来越表现出逆反和抵触的情绪。不如适当地改罚为奖，让他们看到希望，感受到被重视的感觉。

激励和赏识是最好的管理药剂。而学生们给予的表扬则更是黏合集体凝聚力的强有力的药剂，也是让这些调皮的学生重新修正自身跑道的好方法。于是，"班级议事会"又到了大显身手的时候了。

在"班级议事会"每周一反馈的信息中，经常可以听到小涛的名字。小涛是班级调皮鬼之一，经常迟到，上课也常常神游四海，颇令我头疼。但是"班级议事会"却提到了小涛的另一面。班级有许多绿植，平时都是由值日生轮流照顾。可是不同的绿植习性不同，有的绿植因为值日生每天都浇水，变得蔫不拉几。看到这种情况，小涛主动担负起照顾绿植的重任。他家附近就是花鸟市场，所以他经常去那儿玩耍，渐渐地也掌握了一些培养绿植的知识。自从他担负起照顾班级绿植的任务之后，他往花鸟市场跑的频率就更高了，不是去买化肥，就是去请教培养绿植的方法。在他的精心照顾下，班级绿植呈现出一片生机勃勃的景象。

小涛的集体主义观念还是很强的，如果利用这个契机，表扬和肯定他身上的亮点，既是对他为班级做出的贡献的肯定，也是通过激励的方式改变他发展轨迹的尝试。我把这个任务交给了"议事会"的"议事会议长"和班委会的班长，请他们专门策划一个简短的颁奖仪式。

颁奖仪式如期开展，"议事会议长"和班长为小涛同学准备了两份奖品。一份是他们精心挑选的花铲，另一份是一幅由几位爱好美术的同学们精心绘制的水粉画——"绿丝绦（涛）"。在激昂的班歌伴奏下，在全班同学热烈的掌声中，"议事会议长"向小涛赠送了花铲，班长向小涛赠送了水粉画。看到小涛略带羞涩地接过这些奖品，我觉得激励教育在他的身上会发生向好的化学反应。

果不其然，连续多个礼拜，他都没有出现迟到的现象，在语文老师反馈给我的周记里，他写下了这样一段话："我因为喜欢绿植，所以给自己找了个喜欢做的工作。没想到的是，我因为喜欢做的工作而得到大家的喜欢，进而让我开始尝试去做我以前不太喜欢的事，这是我今年收到的最珍贵的一个礼物！"

"班级议事会"不仅加强了对班干部的监督，更提高了学生们参与班级事务的积极性。

班级管理中的"伪民主"

高中生自我意识较强，对作风比较"民主"的班主任或民主的管理方式比较欢迎。但是在现实的班级管理中，许多所谓的民主管理，实际上是"伪民主"。

一、"伪民主"的类型

（一）放任型

很多班主任在对班级学情还不了解的情况下，便把班干部队伍组建起来，把值日生安排好，然后便当起甩手掌柜，班主任的角色似乎更多的是上传下达的中介而已。这样的管理方式，使得班主任很难发挥其在班级的组织与领导作用，如果班情稍微复杂一点，不求上进的学生稍微多一些，那么极易导致班级秩序混乱，班级风气不正，整个班级一盘散沙。我便遇到过这样的班级，除了班主任，其他科任老师上课时普遍反映纪律难以维持，班内随意调整座位、传纸条、看杂书的现象屡见不鲜。班主任却很少主动采取措施对违纪现象加以处理。久而久之，班级风气越来越差，最终这个班级的学习成绩在整个年级一直垫底。但是在每学期的学生评教中，这位班主任的评教得分却一直很高，学生普遍反映这位班主任很民主。这是为什么呢？其实高中生一方面渴望独立，反感甚至排斥管理和说教，另一方面却又缺乏对事物和现象的正确鉴别能力，是和非分不清楚，错把放任当成民主。

（二）只民主不集中型

有些班主任，在班级管理中，处处考虑学生的意见，但是学生的个体差异大，对问题的看法又难以一致。班主任在其中又不加以协调，结果往往是办一件事情要拖很长时间，最终失去了最佳的实施机会。我对比就有深刻的体会。我在刚担任班主任的时候，为了调动大家的学习积极性，着手组建学习小组。在组建过程中，我让班委会充分征求学生意见，但是总有几位同学对方案不满意，调整来调整去，等到方案大家都能接受的时候，发现很多同学对学习小组的热情明显下降，我组建学习小组的目的的达成效果也大打折扣。后来我在反思这件事情的时候发现，其实对方案不同意的关键点不是方案本身，而是班委会同学缺乏协调能力，没有平衡好各位同学的诉求。如果这个时候，班主任可以把大家的意见加以集中，并进行有效的协调，那么效果就大不一样了。

（三）民主外衣下的"专制"型

很多班主任在班级管理中，往往喜欢独断专行，但是又顾忌到学生的反对意见，因此往往在决定一件事情之前，先让班级同学发表一下自己的意见，但是学生们的正确意见，他又不采纳，搞到最后，很多学生对班主任的管理方式产生失望情绪，进而影响他的管理效果。有位班主任在期中考试前一周，要求早读延长十分钟，并且让学生对此决定表决，由于大家都知道班主任只是走个过场而已。于是纷纷表示同意，但是结果呢？延长的时间，大多数同学只是无聊地翻翻书，随便读两句，并不能真正发挥效果。如果班主任能真正考虑学生的实际，并调动他们内在的学习热情，那结果肯定不一样。

二、如何去"伪"存真

"伪民主"是班级管理中的误区，怎样才能去"伪"存真呢？

（一）"家"的意识是民主管理的基础

只有学生把班级当作自己的家，学生才会真正爱这个集体。在建班之初，我便让每位同学交一张 1 寸照片，经过组合，取名"全家福"，悬挂于班级醒目位置。同时我带领全班同学精心布置自己的这个家。很快，在师生们的共同努力下，一个温馨的港湾形成了。同时我还让同学们集思广益为班级取了一个昵称"巢巢"，班级的阳台和走廊用同学们的家乡来命名，每位同学还从家中带来自己心爱的书籍建立了"品茗轩"等。一系列活动的开展让学生们把班级当成了自己的家，自己就是这个家的主人。既然如此，那么有什么理由不好好地为这个家贡献自己的力量呢？

（二）民主的制度是班级民主管理的保证

好的制度不是包罗万象，而是符合班情和学情。如何做到呢？当然是要发挥学生的聪明才智了。本学期班级文理分科，学生来自不同的集体，为了尽快让班级驶入正轨，我召开了一次"立宪会议"，专门制定"班级宪法"。"班级宪法"草案根据内容由不同的小组负责制定，经班委会修改后交全班同学审定，再根据同学们的意见进行调整，最后经班级五分之三多数表决后通过，并正式实施。我班"班级宪法"的一个重要内容，便是规定了班级管理实行班委会监督下的"委员会自治制度"。比如"学习互助委员会""班纪自律委员会""劳动卫生与健康委员会"等，每位同学都可以按照自己的意愿参加相应的委员会，全班同学都可以参与到班级的民主管理中来。这样一来，班主任不仅可以从琐碎的班级事务中解放出来，班级民主管理的效果也更好。

此外，在具体的实践中，班主任还要不断创新班级民主管理的措施，更新班级管理的理念，学会去"伪"存真，让民主管理之花更加娇艳。

莫让表扬变成"秀"

随着新课程的推行，学生在课堂中的角色越来越重要，为了调动学生的学习兴趣和提高他们参与课堂的热情度，在课堂教学中，很多老师特别注重对学生的表扬和赞赏。"你真聪明""你真棒""你真行"等表扬之声不绝于耳，充斥着整个课堂。可是时间长了，我们会发现一个尴尬的现象：表扬仅仅是课堂的点缀，并不能真正起到激励学生的作用。这让我感到非常困惑：表扬为什么失效了？问题出在哪儿呢？

要解决这个问题，我们首先得弄清楚：我们是在表扬学生吗？许多时候，我们的表扬仿佛只是在佐证一件事情：老师是肯定你的！老师很看好你！真的如此吗？仅仅是课堂上的三言两语、言不由衷的赞赏真的能唤起学生心底的自尊与自信吗？绝不可能！表扬之所以失去它的功效，是因为我们平时对学生的评价机制出了问题！虽然我们提倡素质教育，高呼全面发展，但是最关键的时候，我们看的还是学生的分数，比的还是学生的成绩！这些像一把把利刃早已把我们在课堂上的"表扬秀"撕得粉碎，也让学生对我们的表扬无动于衷！要想让我们的赞赏真正成为学生前进道路上的助推器，在我们尚无法改变目前的评价机制的时候，不妨把我们的表扬蕴含于我们与学生的点滴交往之中，比如他考差了，我们除了分析原因之外，还可以找一找他的亮点，并给予恰当的评价，这其实就是表扬。

其次，我们不能过分迷信表扬在教育中扮演的角色。完整的教育应该是表扬与批评甚至是惩罚交替运用的。中学生的心理并不成熟，他们对许多事情并不能形成准确的认知，这时候惩罚教育所起到的矫正作用就体现出来了。今天的学生，从家庭到校园，从幼儿园到大学，几乎已经听不到一句批评，更不用说受到惩罚了。久而久之，他们每一个人都认为自己是绝对正确的，心底的那个"自我"无限膨胀，为了一点鸡毛蒜皮的小事，他们也能够毫无顾忌地拔刀相向，因为长期的恭维式表扬，已经将他们心底的那一点自制力打磨殆尽。当我们及时拿起惩罚的手段与教育方式时，可能会给孩子当头一棒！但是这一棒会让他们清醒起来，会更好地让他们去反思自己的所作所为，会帮助他们尽快成熟起来。

避免表扬产生反作用，我们还一定要注意让表扬指向学生的某一行为，以及具体的行为过程，特别是对学生所付出的努力程度或运用的方法进行反馈评价。例如："你真努力！""这个方法不错！""文章写得很好，你一定是努力了！""这个方法很有效！"这样的表扬会更有利于学生的发展，会促进学生的进步！

尽管表扬是生活的阳光，是教育的法宝；尽管孩子需要表扬与老师的赏识，就像小树需要阳光雨露一样，但过多的、廉价的表扬不仅没有什么实际效果，而且有时候会起到适得其反的作用。所以，表扬学生要讲究艺术，我们只有结合学生的心理特点，采取有效的方式进行表扬，才能真正起到激励作用。

我的班级我做主之 "组籍" 管理与组团模式

高中生意气风发，可塑性强，但是自我管理意识薄弱，为了引导学生尽快学会自主管理，我在班级中实施了以小组为基本单位的 "组籍" 管理制度和跨组合作与竞争的组团模式。

小组的组建与 "组籍" 的取得

我根据班级人数把全班分为六个小组，分组 "自治"，每组设组长一人，组长由竞选产生。有意担任组长的学生先向我报名，再组织报名的学生在全班同学面前进行竞选演讲，演讲的主题围绕自己对即将组建的小组的设想规划和奋斗目标展开。每位竞选者在自己的 "施政" 演讲结束后，由全班同学投票，最后决定六位组长人选。"初生牛犊不怕虎"，竞选者报名踊跃，最终当选的组长几乎都有一批支持者。组长人选敲定后，先由组长根据自己的治组理念把小组组规的框架草拟出来，再在班级张榜公布。组规初稿公布后，全班同学可以根据组规选择自己心仪的小组，每位同学最多可以填报三个小组，按先后顺序分为三个批次。在选择小组时，每位同学必须书面承诺恪守组规。组长根据同学们的志愿，按照每组的名额，依据批次完成小组的组建。在这当中，为了适当地照顾小组间的平衡，我进行了综合协调。小组组建初步完成后，全组同学还要召开组务会，讨论并完善组长拟定的小组组规。当正式的组规最终制定之后，全组同学再次签署书面声明，保证遵守组规。这样才算正式拥有了该小组的"组籍"。每个小组根据本组的特点制定自己的组名、组徽，并制作相应的佩戴标志。

"组籍"的有效期及延长"组籍"的办法

为了充分激发小组的内、外活力，我规定每个小组的有效寿命为一个月。要想永葆小组的生命，必须要达到我根据小组情况所制定的相应目标。各个小组的大致目标分为学习类、守纪类、卫生与健康类、加分类。学习类主要以入学名次为基数，考核每个小组在月考中的人均进步名次；守纪类则主要根据学校管理的一日常规，对于未达到要求的学生进行量化考核；卫生与健康类指的是依据平时的卫生考评，体育课、两操和升国旗仪式等出勤及表现情况考核；加分类则是专门用于表扬好人好事、重大活动中为班级做出的贡献等。

期中的时候根据小组的综合得分，居于末位的小组面临黄牌警告。如果下个月仍然不能扭转局面，则被解散，小组成员暂时由班主任领导，并在此期间通过双向选择申请其他小组的"组籍"。每个小组为了保证在组与组的竞争中不被淘汰，可以根据我制定的考核方案制定本组的方案，并且有权对本组中综合考核最后一位的同学发出黄牌警告，连续两次的可以开除其"组籍"。失去"组籍"的同学由班主任代管。失去"组籍"的同学若要重新回到小组，必须重新履行程序，并征得小组内三分之二以上同学同意。这样无形中便增强了学生对于各自小组的责任感。各小组为了不在竞争中被淘汰，也纷纷想出各种办法激励与督促本组组员。在一个学期中，各小组你追我赶，但是并未出现连续垫底的小组。有个别同学虽面临黄牌警告，但是在组员的帮助与督促下，出现了较好的转变。

"组团合作"融为一体

实施"组籍"制度的主要目的是增强学生对小组的责任感和认同度，借以增强班级的凝聚力。为了让组与组之间的竞争步入良性轨道，在"组籍"制度运行了一个学期后，我在原有小组运行的基础上，推出了跨组合作的组团模式。全班分为 A、B 两个组团，每个组团三个小组，由小组之间自愿协商组成，组团长由三位组长轮流担任，每个组团依据组团内同学的意见制定组团公约，组团内三个小组既互相合作又相对独立。两大组团每次确定一个主题，采取挑战与应战的方式展开竞争。比如有许多同学对于学校刚刚推行的大课间跑操的态度不够端正，尤其是一些女生，总是寻找各种借口逃避。我把班级的跑操队伍按组团重新编排，每个组团按男女生及身高等比例各分为四列。对于正常出勤的同学每人每天加 1 分，整齐划一的组团每列每天奖励该组团 2 分。连续两周，然后累计两大组团的平均成绩，竞争失败的组团要给获胜的组团每人送一杯奶茶作为奖励。高中生血气方刚，一旦涉及荣誉问题，那劲头马上就出来了，两大组团为了能够在竞争中不输给对方，不仅利用体育课认真操练，而且还把衡水中学等学校的跑操视频拿出来反复播放，不断查漏补缺。没过几天，班级的跑操质量迅速提升，广播里几乎每天都可以听到学生会对我班的表扬。班内 A、B 组团孰胜孰负已不重要，重要的是班级的集体荣誉感与自豪感在这些竞争中不断得到提升。同时组团间开展的各种竞赛既增强了组与组之间的默契，也让同学们不断找到前进的目标，班级整体风气得到很好的锤炼。

班级的主人是学生，要想有效地管理好这个集体，关键还是在于有效地激发学生的自我管理意识。"组籍"管理与组团模式不失为一个行之有效的方法。

班干部可以这样来培养

班干部队伍建设是班主任工作中的一件大事。一个好的班集体，离不开一支得力的班干部队伍。在现实工作中，很多班主任只注意遴选班干部，却忽视了班干部队伍的建设和培养，结果导致班级管理的效果不明显，与班主任的管理预期之间存在差距。

如何有效地建设和培养班干部队伍呢？

一、在选拔中培养班干部

班干部的选拔过程就是培养班干部的过程。

（一）岗前锻炼

一个新的集体组建之后，很多班主任会直接将所有的岗位安排到位，然后再根据需要进行调整。我在班干部选拔过程中，曾经尝试通过"岗前"锻炼的方式来选拔和锻炼班干部。

新的集体组建以后，我将班委会中的框架组建起来，班长、团支部书记等核心岗位确定下来后，将班级里的一部分岗位拿出来，让有意愿担任班干部的同学，先选择相关的岗位进行试用和锻炼，在锻炼中发现和考验学生的管理潜质和素养。

班级里面最锻炼人才的几个岗位有值日班长、纪律委员、劳动委员等。

值日班长相当于当天的常务班主任，主要工作是协助班主任和班长处理当天的班级工作，这要求学生要有强烈的配合意识和主动精神，要有善于发现班级中存在的问题的敏感度。

纪律委员是处理矛盾最多的岗位之一。在维持班级课堂纪律、自习秩序，以及处理班级违纪时，需要学生耐心、细致，并且掌握处理问题的技巧。

现在的学生衣来伸手，饭来张口，劳动技能弱，劳动意识差。在组织学生进行劳动的过程中，既能考察学生的组织、协调能力，又能让学生明白班干部的重要职责是服务同学、服务班级，树立奉献意识。

这些岗位的考验和锻炼，让学生的管理意识和潜质得到检验，为相关岗位进行了班干部的人才锻炼和储备。

（二）生涯模拟

很多时候，学生对于自己可能承担的岗位职责和工作要求并不清楚，这会对他们更好地履职尽责产生一定的影响。

在选拔班干部的实践中，我利用生涯规划的有关理论，进行了学生模拟班干部的实践活动。

每位同学根据自己的意愿选择相应的岗位。岗位确定以后，学生要做这几件事情。

第一，根据自己的理解，对自己所选择岗位的职责以及岗位价值进行归纳和提炼。

第二，依据岗位职责，结合自身情况，拟一份岗位工作计划。

第三，进行情景模拟测试。情景模拟测试是人才选拔预测的常规路径之一。在班干部的选拔中也可以尝试这一方法。班主任可以结合班干部的岗位职责，设置相应的情景模拟题，模拟在工作中可能出现的一些典型的问题。从同学们解决这些问题的过程中，综合研判学生解决问题的思路、方法，以及可能产生的管理效果，从而分析该同学是否适合担任某一岗位。

（三）岗位总结

学生承担某项工作一段时间后，可以集中开展一次岗位的反思总结大会。

总结是促进学生自我反思、自我提升的重要形式，侧重考查学生的综合素质。学生的陈述，既是学生语言表达能力的展现，也是学生对工作进行的客观的分析评价以及对未来筹谋规划的展示，更反映了学生对集体工作的态度和甘于奉献的精神。

通过让学生对自己从事的岗位进行反思，学生深化了对班级整体工作的认识，锤炼和提升了自己的管理素养。

二、在工作中培养班干部

利用工作来锻炼班干部，能够让班干部的管理素养和服务意识迅速提升。

（一）锻炼班干部的沟通能力

班级是由几十位同学组成的集体，班干部与学生打交道、处理班级问题都需要一定的沟通能力。

培养班干部，首要的是培养他们的沟通能力。班干部的沟通能力包括与老师的沟通、与同学的沟通、班干部之间的沟通、与其他班级的沟通等等。沟通的内容包括学校、班主任、老师的通知与信息的传达，班级工作的沟通，学生信息的反馈，有关问题的解释，等等。

班干部如何与老师保持有效沟通呢？班主任要引导学生把握两个技巧。一是常态化，班干部要根据分工与各科老师保持经常性的沟通，确保班级管理的信息、同学们的想法能够及时、准确地传递到老师那里，确保班主任和任课老师及时掌握班级情况，并加以有效的指导。二是互动性，班干部，尤其是主要的班干部，要主动与班主任和老师就班级管理和学科学习，与老师们交换意见，在及时和针对性的沟通中，提高班干部管理班级的效果。

班干部如何与同学们保持有效沟通呢？班干部首先要明确自己是老师与同学们之间的桥梁，是带领同学们一起建设班集体的领头羊。因此与同学们沟通时，班干部应注意耐心倾听同学们的意见和建议，尊重他们合理的想法，避免发生当面的争论，有较大分歧时，可以选择适当的时机沟通与交流。

班干部之间如何进行有效沟通呢？班干部是班级的管理团队。在工作中，团队成员的沟通和协作，对班级的管理与运行有着直接的影响。因此团队成员之间的有效沟通就尤为必要。班干部之间要坚持分工不分家的原则，思考问题、处理班务要站在班级整体的角度去考虑。发生分歧时，要学会换位思考，主动交流看法。班委会干部要建立定期沟通与交流的制度，针对班级管理，大家畅所欲言，心往一处想，劲往一处使。

班干部没有任何特权，管理是为大家服务的，这点务必保持清醒。要养成凡事和大家商量的习惯，班委与同学合作愉快，再与班主任合作愉快就可以了。

（二）提高班干部处理问题的技巧

要提高班干部的管理能力，需要在以下几个方面锻炼他们处理问题的技巧。

1. 维护班级纪律的技巧

违反班级纪律常见的现象有课堂上说话、睡觉、玩手机等，面对这些违纪问题，班干部既不能碰到矛盾绕着走，也不宜采取比较极端的手段加以处理。这时候，班干部可以采取分步处理的办法来解决这一问题。班干部首先要弄清楚学生违纪的事实，及时制止违纪现象的持续发展；第二步就是指出这些违纪问题对班级和个人造成的危害，通过摆事实讲道理的方式，让学生认识到违纪的错误和危害性。班干部在处理违纪问题时，切记简单粗暴，侮辱学生人格，要本着惩前毖后的原则来处理类似问题。

2. 处理突发事件的技巧

在班级管理中，可能会出现一些偶发事件，这时候就需要班干部有较强的处理突发事件的技巧与能力。比如有学生在课堂上公然顶撞老师，导致课堂教学无法正常进行，这时候，班干部要主动站出来，劝解和平复学生以及老师的情绪，避免矛盾升级。课下再向班主任汇报，并协助处理。

3. 表扬和批评的技巧

班干部在处理班级事务时，需要对好人好事及时表扬，对不良现象和行为及时批评。怎么表扬？如何批评呢？班干部要及时发现班级的好人好事好现象，并公开表扬。这种公开表扬的方式有利于激励学生们不断进步。

批评是为了帮助学生及时认识到自己的错误，避免下次再出现类似错误。班干部在批评学生时，态度要诚恳，实事求是，不能夹杂个人的情感。同时还要依据同学的个性特征，采取不同的方式，对于自尊心强的同学，要注意场合；对于逆反心理比较明显的同学，要采取共情的方式；对于比较内向的同学则要注意批评的度，以提醒的方式，引导他注意自己的错误。

4. "啃硬骨头"的技巧

很多班级都有几位比较特殊的学生，他们往往表现得比较另类，自律意识差，学习动力不足。面对这样的"硬骨头"，班干部要有"啃"的技巧。

第一，班干部对这类学生的认识要客观，不能先入为主。第二，要有耐心，这一类学生的转变是渐进的，甚至是漫长的，不能急于求成。第三，要扬长避短，发现他们的优点并放大，要利用各种场合进行表扬和激励，让他们收获到成就感，产生积极的心理状态。第四，学会引导他们学习，很多学生正是因为在学习上找不到成就感，所以才会产生自暴自弃的情绪。班干部可以采取一对一帮扶的形式，帮助他们制订合理的学习计划，解决学习中的困惑。班干部可以通过督促、引导、鼓励等形式，让这一类学生把兴趣点集中到学习上来。

（三）强化班干部的执行力

班干部工作到位与否，与他们的执行力有着密切的关系。

班干部的执行力的培养主要体现在以下几个方面：

意识第一。每一位班干部，尤其是主要班干部要有班主任的思维和意识，在班级管理和班级事务的处理中，要站在班主任的视角去考虑问题，主动做好班主任的小助手。

行动第一。言出必行，有令必行。班干部要根据自己的分工，主动作为，遇事不拖延，担负好自己的职责。班干部要用行动落实班级管理的工作，实现班级管理的目标。

坚持第一。班级工作不会一帆风顺，也不会一蹴而就，这就需要班干部要有一颗红心——坚持不懈。比如，班级卫生工作，就需要卫生委员不断督促值日生注意卫生保洁，不断提醒班级同学注意保持班级卫生环境，不乱丢乱扔垃圾。在这过程当中，可能还会碰到有学生不理解，甚至是误解，这就需要班干部有坚持的毅力。

三、在学习中培养班干部

开展系列的学习活动，是尽快提高班干部能力的重要途径。在班干部培养实践中，我系统开设了如下一些学习和培训主题，如表 3.1 所示。

表 3.1　学习活动培养主题、目标和形式

序号	培训主题	培训目标	培训形式
1	职责：在其位，谋其政；任其职，尽其责（必修课）	培养班干部的岗位责任意识	主题讲座
2	主动：班级是我家，老师不在我当家（必修课）	培养班干部的主人翁意识	案例研讨
3	律己：要求别人的，我做到了吗（必修课）	严于律己，树立班干部威信	主题讲座
4	高效：不是工作多，而是效率低（选修课）	学会高效工作法，提高工作效率	经验分享
5	规划：凡事预则立，不预则废（选修课）	增强长远规划意识	案例研讨
6	执行：如何又快又好地完成老师布置的任务（选修课）	提高执行力，保质保量完成老师布置的任务	答疑解惑
7	合作：大河有水小河满，小河无水大河干（选修课）	班干部之间互相搭台，学会分工与合作	主题讲座
8	沟通：威而不怒，软硬兼施（选修课）	提高与同学沟通和协调的能力	经验分享

序号	培训主题	培训目标	培训形式
9	策划：班级活动我做主	提高策划活动的能力	方案分析
10	礼仪：不学礼，无以立（选修课）	懂礼节，明事理	活动体验（家长会、科班联谊等）
11	组织力：有效组织和开展班集体活动（选修课）	学会组织和开展班级活动的方法	经验分享
12	中庸：执其两端，量取中间（选修课）	掌握量化考核的执行技巧	主题讲座

四、在考核中培养班干部

在班干部队伍建设中，班主任可以建立定期总结与考核机制，引导他们反思工作得失，积累工作经验，优化工作方法，提高管理能力。

（一）定期沟通

学生干部在工作中出现失误在所难免，自身存在一些小问题也是正常现象，毕竟他们都是未成年人。不过，这些小问题，如果长期被忽视，日积月累下来，就会影响到班干部在班级的威信，影响他们在班级的工作效果。班主任可以建立与班干部定期交流的机制，及时提醒和纠正班干部存在的问题，指导他们改进工作方法。

班主任和班干部的定期沟通，还包括对班干部进行思想信念的教育，鼓励他们树立服务集体的观念，增强集体荣誉感和责任意识。班主任还应提醒班干部从严要求自己，以身作则，做同学们的表率。

班主任还要和班干部谈一谈工作的方法。很多班干部工作效果不理想，不是他们自身不努力，而是工作方法不科学、不合理。班主任应用自己丰富的工作经历，指导班干部逐渐掌握灵活的工作方法和工作艺术。

（二）定期总结

重大活动总结。每一次重大活动，都是锻炼班干部能力的一次机会。通过对重大活动的总结，班主任可以让班干部审视一下，活动中有哪些值得推广的经验，有哪些过程和环节还需要进一步优化，通过总结，积累组织重大活动的经验和水平。

常规工作总结。常规工作的定期总结，发挥了老师、同学对班干部进行监督、检视的积极作用，是增强班干部责任意识、树立良好工作作风的好办法。我要求班干部每周向我书面汇报一次，每月向全班同学汇报一次。在总结中，班干部可以横向与纵向比较自己工作的成绩，分析工作中存在的问题和不足，提出解决这些问题与不足的方法、措施。

（三）定期考核

考核，是对班干部工作能力、水平、成果的量化展示，是班主任和同学们监督班干部的重要手段。对班干部进行考核，奖优罚劣，有利于激发班干部的上进心和战斗力。班干部考核应遵循如下原则：

全面性原则。考核班干部的评价标准和体系首先要全面，班干部的工作能力、自我表现、学习状况等都要涉及。

差异性原则。不同的班干部岗位职责不同，考核要求也要有所差异。

发展性原则。考核的最终目的还是为了培养班干部，要通过横向与纵向的比较，客观评价班干部的工作状况和进步状况。

可操作性原则。对班干部考核的内容、标准要明确、具体，考核程序、方法应简便可行。

公正性原则。考核要综合教师、同学的意见，把过程性考核与综合考核结合，把平时表现与工作成果结合，让学生对考核结果口服心服。

构建系统有效的班干部培养机制，逐步把班干部培养成自己的得力助手，正是班主任工作智慧的体现。

制度"疲劳"了，怎么办

　　张璐自习课时无故讲话两次，丁然晚自习时吃零食，刘政的数学作业有两次没有及时交……看着纪律监督小组汇总的本周班级日志，我不禁怒气冲天，班纪班规明明贴在墙上，班会课上常规管理要求也是一提再提，对于违纪的学生，处罚力度也在不断加大，为什么班级纪律最近却有反弹的趋势呢？我决心弄个明白。晚自习时，我请班上几位心直口快的同学来到办公室。他们一进门，我就开门见山把我的问题提了出来："为什么最近违反班纪班规的同学在增加？""老师，"马宇首先开了口，"我觉得刚开始制定班规时大家都挺遵守，但是时间一长，有些调皮的同学便会产生懈怠，虽然有处罚措施，但是反复几次后，他们也就不在乎了。""还有，"杨奇补充着，"我觉得班纪班规应该随着情况的变化随时做一些调整，不能一成不变。"听着同学们你一言我一语地议论着，我心中的问号慢慢解开了，问题的症结在于同学们对于班级的班纪班规"疲劳"了！怎么解决这个问题呢？在与学生做了大量沟通之后，我慢慢理出了一条消除"疲劳"的路径来。

　　第一步：师生合作，共铸班级制度的公信力

　　要让学生自觉地遵守班纪班规，就必须让他们对班纪班规有高度的认同感。我校虽然是省重点中学，但是高一学生的综合素质、生活背景等差异较大。如果放手让他们重新制定班纪班规，容易有失偏颇。师生合作，共同制定一套适合高一学生的班纪班规，是一条可行的道路。我首先结合班级的实际情况，把原有的班纪班规调整为"道德、学习、劳动、公共活动、班级贡献"等几个方面。在接下来的一周时间里，班级的每位学生根据这几个方面提出自己的条款或建议，然后由班委会分类归纳。我把归纳后的建议制成文档，然后打印出来，贴在班级的公示栏里，公示时间为一周。当然我提的条款在这时候也"悄悄地"挤了进来。接下来的班会课里，我再把这些建议通过多媒体展示出来。每个条款都由学生投票决定，赞成票达到三分之二以上的即可成为正式条款。最后同学们投票决定的班纪班规由班委会按类进行汇总，对于内容重复或相近的条款进行合理的归并。在最终公布的班纪班规中，每一个具体的条款后面都注明了条款贡献者（把提出该条款的同学名字列在后面）。自己定的规矩自己要带头遵守，同学们对自己做主定的班纪班规自然倍加珍惜。

第二步：追根溯源，加强制度的文化力

班级制度文化是班级成员以口头或书面的形式确立，并要求所有成员必须遵守的文化。班级是学生成长、成才的重要舞台。加强对班级制度文化的建设对班风的塑造具有重要的作用。

（一）班级制度文化建设要突显价值观的引领

在学生思想品德养成的过程中，既需要系列化的课程教育，也离不开外在的环境约束、渗透与影响。一个受到学生拥护，具有积极导向与价值引领作用的制度文化必不可少。班级的制度文化必须集中体现社会主义的核心价值理念，其条文规定要对学生形成明确的导向与规范。

（二）班级制度文化建设要着力提升学生行为规范

从学生的行为表现中，可以看出一个学生的内在思想品质水平。从另一个视角来看，一个班级群体的外在行为表现，可以看出这个集体的制度文化建设水平。在班级制度建设中，规范学生的行为习惯，制定符合学生实际情况的行为准则和可操作的评价体系至为重要。

（三）班级制度文化建设要关注学生的思想变化

基于班级制度的外在约束力，班级制度在制定过程中，要与学生的思想变化相适应。

在执行班级制度的过程中要关注学生思想的变化和需要。比如在执行某项规章制度时，需要进行充分的宣传和说明，这种宣传和说明就是与学生内在的心理共通、共鸣的过程。在这一过程中，学生们内心深处的逐渐认同，是他们从制度被动的遵守者向制度的维护者重要的转变。

第三步："情""理"相融，提高制度的亲和力

班级制度的出发点是规范班级学生的言行举止，实现教育教学的育人目标。班级管理的实质就是教师与学生、学生与学生之间的互动。人本主义原理认为：人是管理活动中最活跃、最能动、最积极的因素，一切物的因素只有通过人的因素，才能加以开发和利用。

面对思想活跃、个性鲜明的学生群体，班级制度的制定，要充分考虑学生这一"人"的因素。

（一）秉持生本理念

学生是班级的主体，是我们教育教学的主要对象。对于处于发展变化中的学生而言，班主任要用发展的眼光来衡量学生的成长。

此外，班级管理制度应以鼓励为主，从多维的视角评价学生的成长，借助制度的引领，激发学生的上进心。班级制度的具体内容，不宜过于琐碎，制度必须具有弹性空间，针对不同的学生，有不同的制度标准。

（二）坚持公开透明

班级制度的稳定运行，离不开学生对制度运行的监督与制约。尤其是制度在运行的过程中，奖励与处罚都要依据制度进行，不能随意更改变通。

班级的制度也不能一成不变，班级情况、主要矛盾等发生变化时，班级制度也需要做相应的调整和优化。制度的调整，要由学生主动参与，充分讨论。只有这样才能保障制度的科学性和连续性。

（三）增添制度的温度

一个好的班级制度，是学生愿意遵守、愿意维护的制度。班级制度不同于社会上的其他制度，我们可以赋予它更多鲜亮的色彩，激活制度的内在生命力。

以班级量化考核制度为例，可以把冷冰冰的量化积分调整为班级货币，班级货币在班级内可以用来进行多样化的兑换。班级货币一个月兑换一次，如何兑换，兑换什么，由学生们根据需要制定。比如积分可以兑换成担任值日班长若干天，兑换成早读领读若干次，兑换成担任课代表助理若干天等。

让班级制度增添一抹抹学生喜爱的色彩，既激发了学生维护制度、创新制度的内在激情，也增添了制度的温度。

（四）构建健康和谐的班级环境

苏霍姆林斯基指出，只有创造一个教育人的环境，教育才能收到预期的效果。

班级是学生学习的微环境，积极进取的班级环境，可以塑造出积极、勤奋、和谐、平等的班级精神，凝聚班级士气，增强班级斗志，强化班级的向心力。

班级环境包括物质环境和人文环境。按照自然和谐的原则，安排班级的空间布局，设计班级的墙壁文化以及绿植装饰等，可为学生营造舒适温馨的班级物质环境。

而班级人文环境的营造，更加需要我们重视学生的内心精神需求，可通过班训、班旗、班歌等班级文化建设，构建积极的班级精神和人文环境，引导学生树立积极的价值观与人生观。

第四步：育德育才，凸显制度的生命力

建立健全班级管理制度的核心目标是发挥班级管理的育人功能，让制度的约束功能转化为对学生的思想、道德、品质的良好塑造和正向激励。

（一）法治、法规意识的培育

具备一定的法律与法规意识，是中学生成长为合格公民的必备素养。学生通过主动参与制定并严格执行班级制度，在潜移默化中接受法治及规则意识的教育与熏陶，从而促进学生法治与规则意识的成长、成熟。

（二）责任、担当品质的锤炼

健全的班级制度可以培育学生的责任与担当品质。学生制定班级制度的过程，就是在履行作为班级主人翁的责任。学生参与班级事务，解决班级制度运行过程中出现的问题，则有助于培育学生勇于担当的品质。

（三）目标、进取精神的锻造

一个健康积极的班集体，应该是一个目标明确、方向意识很强的班集体。

　　班级目标的达成，需要进一步激发制度的潜力。比如，班级确定了班级跑操水平要稳定保持在第一梯队的目标，这时候，全班同学可以围绕这一目标制定一个具体可行的激励制度并严格执行。这就是激活制度内在生命力和激励学生作用的重要形式。

班级中的"仪式管理"

《小王子》中说，仪式感就是使某一天与其他日子不同，使某一时刻与其他时刻不同。这种赋予日子以美好意义的仪式感，真正展现了教育领域的人文情怀，需要我们去设计与规划。

教育是唤醒、感动学生心灵的艺术。这种唤醒与感动在每一个富有温度的仪式中孕育、成长。

生活中要有仪式感，这样的生活才有滋有味。同样，在学生们朝夕相处的集体里，也要有相应的仪式感，这样的集体才能让学生有归属感。

一、温馨的入班仪式

新学期的第一天，寓意着我们又开启了一个新的征程。开学第一天，组织一场别具一格的入班仪式，必然会令学生们记忆深刻。

成长相册。每学期的开学第一天，我都会组织所有的学生和老师，在同一个位置，以同样的队列、同样的动作，留下新学期的全家福。从第一次入校时的全家福，到第二学期、第三学期……学生们从每次的全家福中，发现着自己的改变，感受着成长的喜悦。

温馨卡片。每个学期的第一天，学生们的座位上都会放上一张由老师们亲笔书写着寄语的卡片。每份寄语都包含着班主任和老师们对孩子们新学期的美好祝福与期待。学生们在新学期的第一天，细细品味着老师们的祝福和鼓励，开心不已。

励志宣言。新的学期、新的目标，每个学期的第一天，学生们都会准备一句励志宣言，贴在班级后面的励志栏里，宣言既是对自我目标的明确，也是在新的学期进行自我激励的体现。

入班仪式帮助学生尽快适应自己的角色，更好地进入这一阶段的学习和生活中来。在庄严的仪式中，孩子们能感受到自己将进入生命中一个更伟大的阶段，努力学习、勇于担当等意识也能在活动中渐渐形成。

二、庄严的颁奖仪式

俞敏洪曾说过："教育其实很简单：点燃、唤醒、鼓舞、激励。把这几个字做好，就达到了90%的目标。"

适度的奖励是激发班级学生向上、向善的欲望和凝聚集体意志的重要措施。而庄严的颁奖仪式则会进一步放大激励教育的效应。

时间选择。颁奖仪式的时间不能太仓促，也不能随机。每学期进行的期中表彰颁奖仪式，我通常会安排在期中之后的班会课上进行。

氛围营造。颁奖仪式的氛围营造很重要，首先我们要精心准备一张精美的颁奖海报和PPT背景。海报要突出颁奖的主题和颁奖的内容，PPT则主要配合颁奖仪式的流程来准备，海报和PPT可以请班级里擅长多媒体技术的学生协助完成。颁奖仪式进行时，还要辅之以节奏感强、热烈激昂的音乐。

流程安排。虽然是班级的颁奖仪式，流程的安排也不能马虎。颁奖流程不需要很烦琐，但是环节要完整。谁来主持，如何组织串词，颁奖仪式分为几个阶段，"嘉宾"发言的安排等等，都要提前设计好，保证颁奖现场一气呵成，有波澜，有高潮，有动员，有激励。

颁奖种类。班级奖项要涵盖德智体美劳等方面，注重学生的综合表现，不能仅仅局限于成绩的表彰。我们班级的奖项设置分为"班级管理之星""班级进步之星""班级自强之星""班级学习之星""班级劳动之星""班级体育之星""班级文化建设之星""乐于助人之星"等多个项目，每个项目都有明确的评选标准，由班委会和学生代表提名相应人选，并进行全班票选，颁奖现场揭晓当选同学名单。

颁奖辞。一个富有仪式感的颁奖仪式，必须要有与之相匹配的颁奖辞。每一类奖项，可以准备一个颁奖辞。颁奖辞要简洁概括，语句清新优美，情感强烈，富有感染力。

颁奖嘉宾。颁奖的嘉宾很重要，我以前通常是邀请班级科任老师担任嘉宾。后来有学生建议邀请家长担任颁奖嘉宾。家长的参与，既体现了家校合作、共同育人的理念，也让激励作用发挥得淋漓尽致。

颁奖奖品。颁奖仪式中的奖品既可以是有形的，也可以是无形的。有形的奖品主要以奖状和学习用品等为主，奖状上有班主任和家长嘉宾的签名，简单却富有纪念意义。无形的奖品主要是满足获奖学生的一个小且合理的心愿。比如可以根据自己的意愿调换一下座位，与老师合一张影，获得一次在班级尽情享受零食的机会等等。

学生在富有仪式感的颁奖仪式中体验到成功的喜悦和满足，更容易激发他们继续拼搏的斗志，为后续的主动学习和良好表现提供源源不断的内驱力。

三、团队的组建仪式

一个积极向上、有凝聚力的集体，首要的是组建一支有战斗力的班干部队伍。如何让班干部能够更加明确自己的职责，如何让班干部迅速得到班级学生的认可，营造班级团队组建的仪式感，是一个好方法。

班干部采取竞选的方式，每位候选人都有 3 分钟左右的时间进行竞选演说，主要是谈一谈自己具备的工作优势，选择相应职位的原因，以及未来的工作计划和目标等。演说结束后，由班级学生填写选票，进行民主选举，选票收上来以后，再进行唱票、计票，最终确定班干部名单。班干部产生后，由班主任代表全体学生向他们颁发聘书。班长代表新当选的班干部发表就职感言，并在班主任的指导下，当众宣布班委会干部的分工。

选举演讲、民主投票、颁发聘书、就职演说等一系列充满仪式感的活动，提升了班干部选举的严肃性，树立了班干部的权威。

班级管理的主体是学生，班主任以"旁观者"的姿态，把班级具体管理的重任交给学生，培养学生的责任感，通过竞选、投票、考察的过程，让他们充分体验自主服务、自我管理的成就感。

四、纪念日的仪式教育

培育学生的"家国情怀"是德育工作的一项重要任务。

每年清明节，班级学生都会利用晚读时间开一个简短的追思会。每次追思会都有一个主题，主题以悼念刚刚逝去的对国家和民族产生重大影响的人物为主。2018 年的清明节，班级悼念的人物是"中国天眼"首席科学家南仁东先生。学生们先观看了有关南仁东先生的报道，然后全体起立，为南先生的不幸离世默哀一分钟。

每年的国庆节，除了学校的各种纪念活动，班级也会举行视频升旗仪式，在国庆节放假前一天，所有同学必须着全套校服，在当天的早读课上，班级的多媒体会播放之前已经准备好的天安门升旗视频，所有同学庄严肃立并行注目礼，并齐声高唱《义勇军进行曲》。

在南京大屠杀死难者国家公祭日这一天，我们要求所有同学佩戴白花，十点钟准时在班级肃立默哀。

此外，雷锋纪念日、抗战胜利纪念日、"九一八"纪念日等重要纪念日，班级都会举行简朴的活动仪式。通过这种形式不断增强学生对国家和民族的责任感与使命感。

巢湖地区历史悠久，尤其是一些传统节日，更是深入到老百姓的生活细节当中。利用这些乡土节日风俗，并将其渗透到学生们的日常学习与生活之中，可以让他们更好地感受到乡土文明的魅力。

五、生活中的小仪式

张爱玲曾说："生活需要仪式感，仪式感能唤起我们对内心自我的尊重，也让我们更好地、更认真地去过我们生命里的每一天。"

仪式教育在于潜移默化地"塑造"而不是生搬硬套地"灌输"。在班级学习和生活中，班级逐渐形成了一系列的小仪式。通过日常的小仪式，引导学生崇尚美，乐于学，勤于行。

礼仪教育。学生们在家都是父母的掌上明珠，很多生活中的礼仪，他们不是很清楚。班主任利用班会课，对学生进行一些必要的礼仪知识的教育是非常必要的。

爱班仪式。班级是学生的另一个家。班级通过每日宣誓、我为集体做贡献、我爱我家周扫除等活动，增强学生热爱集体的感情。

尊师仪式。尊师重教是中华民族的传统美德。在平时的学习生活中，我们教育学生递送东西给老师时，要双手送上；见到老师要鞠躬问好；老师解答完疑问时，要鞠躬致谢……通过这些仪式，营造浓浓的尊师氛围。

友爱仪式。一个融洽温馨的集体，需要不断鼓励大家互帮互助，相互关怀。在平时，我们会按月给学生过一个集体生日，全班同学送上贺卡和小蛋糕，表达对他们的祝福；每月开展"助人为乐之星"的评选，让这个班级在友爱的氛围中，暖意融融。

仪式既是一种形式，同时也承载着丰富的情感和内涵。在实践仪式感中，同学们不断锻炼着自己的内省认知能力和人际洞察能力，获得更全面、更真切的情感体验。仪式活动还让学生对集体的秩序感、归属感、神圣感得到增强。

教育惩戒的"制"与"度"

——以治理校园网络欺凌为例

教育部颁布了《中小学教育惩戒规则（试行）》（下简称《规则》），并已正式实施。《规则》的制定和实施为学校加强管理，提高教育教学质量提供了保障。

一、《规则》是学校完善相关管理机制的契机

学校管理制度的完善与否，关系到学校管理的质量和水平。《规则》的颁布，为学校完善相关管理制度提供了契机。

（一）学习《规则》，建立面向学生的宣传之"制"

《规则》的颁布在社会上引起了广泛的热议，很多学校在显眼位置进行了张贴和宣传。但是我在处理有关学生违规行为，尤其是校园网络欺凌行为的时候，发现很多学生把《规则》片面地看作是对学生进行惩罚的条例。他们既不了解《规则》的内容，更不理解《规则》的颁布是维护校园安宁、创造和谐学习环境的必要之举。

面对未成年人这一群体，如何有效地宣传《规则》并让未成年人迅速理解，是教育者必须考虑的问题。学校的宣传必须站在未成年人的角度，多采用未成年人喜欢的方式进行。我校利用网络上已经公开的一起校园网络欺凌事件，在老师的指导下，开展了一场学生辩论赛，每个班级都要参与，班级学生围绕校园网络欺凌和《规则》的颁布，自选论题你攻我守。这场辩论赛激发了学生们主动学习《规则》的热情，加深了他们对惩戒条例的理解。

学校要建立宣传《规则》的长效机制，通过开展演讲、舞台剧、黑板报、主题班会等形式，持续地向学生宣传渗透。只有学生对《规则》的理解深刻、认同度提高，《规则》的规范效果才能发挥得更好。

（二）利用《规则》，完善规范学生网络行为的校园之"制"

相对自由的网络空间，和青少年任性、冲动的性格特质，使他们很容易在网络里发表一些涉及他人隐私乃至名誉的言论。大多数学校在处理未成年人违规事件时，基本态度都是比较谨慎的。加上校园网络欺凌又不同于其他欺凌行为，给学生带来的身体伤害不是非常明显，息事宁人往往是这类事件处理的通常方式。

正是由于网络欺凌的隐蔽性，在很长一个时期内，很多学校并未制定规范的校园网络欺凌预防与处理制度。《规则》的颁布和实施，为学校遏制和处理校园网络欺凌行为提供了政策支撑。《规则》是国家层面颁布的对学生失范行为的处理规定，有利于规范和树立学生的规则意识。学校制定针对校园网络欺凌行为的处理办法与制度，有利于为校园营造出一个"严而有序"的网络使用规则。

（三）根据《规则》，落实学生不得违规携带手机进校园之"制"

很多学生在网络上发表不当言论是在正常的上学时间。学生之间因为学习与生活发生矛盾，在情绪失控的情况下，于是便偷偷使用手机在网络上发表一些过激言论，甚至进行人身攻击。其实，冷静下来以后，他们也很后悔。

学生偷偷将手机带进校园由来已久，危害很大，对学风、校风有着明显的冲击，也为校园网络欺凌的出现提供了可能的物质载体。2021年初，教育部印发了《关于加强中小学生手机管理工作的通知》（下简称《通知》），《通知》规定，中小学生原则上不得将个人手机带入校园。学生未经学校批准携带进校园的个人手机，已经被明确定性为违规物品。《规则》赋予了教师可以对学生携带的违规物品予以暂扣的权力。学校要将《规则》与学校实际相结合，制定对学生违规携带手机进校园的行为进行检查、处理的配套制度。

二、《规则》是提升学校育人品质的基础

立德树人，育人为先。学校在广泛宣传《规则》和制定配套制度的同时，要进一步将《规则》与教书育人的初心相结合，使二者相得益彰，这样方能培育出更为合格的社会主义接班人。

（一）《规则》的"宽度"与关爱学生的"温度"

"立德树人"是教育者必须坚守和秉持的初心。在《规则》颁布之后，我校结合《规则》与学生失范行为，着眼于教师育人水平的提升，进一步强化了教师的师德师风建设。小李同学在某次测验中因为分数低于小赵同学，于是，便在网络上散布小赵同学考试作弊的消息，结果班级许多同学都误以为小赵有抄袭行为，小赵因此非常苦恼，甚至不想上学。这起事件经过班主任调查以后，事实非常简单清楚，按照《规则》和学校的有关规定，小李同学是要被处分的。但是在与小李的家长沟通时，了解到小李是单亲家庭，学校立即暂停了对他的处分程序。小李有错，原因何在？经过与小李的细致沟通，我们发现他是一位非常要强，却又有点自卑的孩子。小李的行为源自他对小赵同学成绩快速提升的妒忌。针对这种情况，帮助小李克服这种心理，减少对他今后学习生活的影响，比惩戒他的失范行为更为重要。在学校、老师们不断的帮助下，小李的自信心有所增强，控制不良心理的意识也在加强。德治为体，法治为用。在学校的常规管理和学生失范问题的处理中，不断增加《规则》的"宽度"，更能彰显出教育的"温度"。

（二）《规则》的"厚度"与家校协同的"力度"

家校合作、协同育人，是不断提升学校教育教学质量的重要途径。"高质量的父母教育卷入，对于儿童的学习成绩、认知能力和遵守纪律有积极作用。"《规则》颁布之后，学校利用家长学校、专题讲座、家长会议、微信宣传、致家长的一封信等形式，向全体家长进行宣传解读。持续不断的宣传，让家长对《规则》的理解更加透彻，对学校结合《规则》制定的相关举措更加理解和支持。

以解决和处理校园网络欺凌事件为例，有些问题就是家长在与学生的沟通中发现了一些蛛丝马迹，进而主动与班主任和学校沟通，让学校得以及时介入，将许多问题解决在萌芽状态。家长在预防校园网络欺凌方面，可以担负起更为有效的宣传、教育、监督的角色，这种角色扮演得好，就有助于实现亲情与法治的融合。因为孩子在家里是父母的掌上明珠，在校园里、在社会上，他们也有相应的社会角色和相应的责任。鲍姆林德认为，父母在儿童社会化过程中起到主要的或者关键性的作用。家长让自己的孩子，尤其是即将踏上社会的中学生，学会对自己的行为负责，进而有意识地规范自己的行为，这就是在有力地配合学校的教育。

（三）《规则》的"高度"与育人育才的"长度"

"在教育的过程中，与教化目的相一致，以尊重人性、捍卫人性为底线的规训是不可缺少的。"要让教育真正回归到育人的本质上，需要教育者拔高《规则》的"高度"，进而达到延长育人的"长度"的目的。

我校通过"爱党、爱国、爱校、爱班"主题教育，让学生处于正能量的环境中，帮助学生树立积极的价值观、世界观；通过"做最好的自己、做最优的集体"活动，提升学生集体主义、团结意识，培养合作精神，学生在合作中竞争，在不断进取中，树立更为远大的理想与目标；通过"三省吾身"活动，培育学生的自省和纠错意识，提升他们对不良信息的抵制能力。

未成年人犯错不能简单地一罚了之，培育他们自我反省、自我纠错的能力和意识，不仅可以有效遏制学生失范行为的发生，更可以帮助他们在走上社会之后，提升他们模范遵守社会公共秩序的品质，这恰恰是我们教育的真谛所在。

教育惩戒是完善教育的必备形式，是重塑"尊师重教"氛围、落实立德树人使命、培养新时代中学生的必要之举。

第四篇　和谐师生关系的营造

　　班级各种矛盾如何协调解决？如何理性应对学生们的抱怨？科任老师和学生之间的关系怎样去协调才会更融洽？……

　　和谐的师生关系，是班级良性发展的重要基础。在日益浮躁的教育生态下，如何建立更为默契的师生关系，是很多班主任面临的一个课题。

　　班主任主动换位思考，站在学生的角度去审视班级存在的问题，会帮助我们的班主任更快、更好地成长。而引导学生站在老师的角度去思考自身存在的问题，并且鼓励学生尝试着在班主任和任课老师的帮助下去解决它，也不失为一种解决班级学生疑难问题的好方法。

假如我是老班（班主任）

在班级管理过程中，我们经常会碰到这样的难题，有些问题，虽然想了很多办法但总是无法得到有效的解决。有的时候，我们不妨换个思路，让学生自己去解决。

在我的班级，会定期开展一项活动——"假如我是老班（班主任）"。"假如我是老班"活动，以问题为导向，以引起问题的学生或事件为主体，根据不同的情况开展相应的活动。

文科班的女生很多，大部分女生的胆子不是很大，这让有些课堂的互动氛围受到了一定的影响。我也采取过一些奖励性的措施，比如学生在课堂上主动回答问题可以增加奖励积分，评优评先时优先考虑等。但是效果不是很明显，课堂氛围沉闷的状况依然没有好转。

学生是课堂的主体，课堂氛围的营造主要靠他们。我既然解决不好这个问题，不妨让学生们去试试。于是，我给学生们布置了一个课题：如果你是老班，你觉得应该如何活跃课堂氛围。我请班长带领全班同学站在老班的角度，寻找原因，解决问题。

一听说是把自己设定成老班，同学们的热情马上高涨起来。问题的原因学生们最清楚，课堂气氛活跃不起来，除了文科班的女生比较多这个显性因素之外，还有一个重要的原因是，学生们没有进行有效的预习，这使得很多学生在课堂上无法跟上老师的教学节奏，听都没听明白，更谈不上互动了。

学生们自己把症结找到了，那就得想办法去解决了。预习是学习的重要环节，但是现在各科作业量非常大，仅仅处理作业就需要大量的课余时间，很少有学生可以挤出时间去预习。当班长请求我的支援时，我对他说："现在，你就是老班，问题就交给你全权处理。"在得到我的"尚方宝剑"之后，班长和一帮班干部开始行动起来。作业量大是首先要解决的难题，每科老师关注的都是自己学科的教学，要解决作业量大的问题，必须先统筹一下每天的作业量。同学们经过商议之后，决定把课余时间进行定量分配，按照学科的教学进度和现实需要，分解相应的时间给相关学科。比如数学每天都有新课，不通过练习的方式很难巩固所学知识。于是，每天都会给数学安排相应的处理作业时间。这个办法很快就起到了实效，学生们每天的作业量进行了规划以后，总体作业负担下降了不少。

但是没过多久，问题又出现了，因为临近期中考试，很多老师又开始打破原先的规划，强令学生必须按照自己的要求在规定时间内完成学习任务。这可怎么办呢？当班长又来向我求援的时候，我写了四个字：换位思考。"老师们之所以布置大量的作业，主要是担心自己这门学科在考试时考得不理想。如果你们可以保证这门学科的成绩，那老师们还是会继续支持你们的。"我的启发让学生们又找到了解决问题的突破口。为了让老师们放心，课代表们代表全班同学，给各科教师下了一个战书，战书的内容是："如果期中考试这门学科的平均分名次没有上升，那么期中考试以后您布置多少作业，我们都保证完成。但是在期中考试前这段时间，请您相信我们，按照我们规划的作业时间安排，指导我们的学习。"老师们接到这些挑战书之后，纷纷表示"应战"。当然，我在此之前其实已经和老师们做好了沟通的工作。

作业量的问题暂时得以缓解，但是挤出来的时间，怎么进行有效的预习呢？很多学生已经习惯了老师给他们安排任务，把时间交给他们，他们反而不会用了。看来，我还得继续指导"老班"们。在一次历史课上，我一开场就抛出了一个问题：你们觉得这堂课老师会重点讲哪些问题。同学们七嘴八舌地回答着。等同学们安静下来，我笑着说："我的重点其实就在书本上的本课测评里。你们之所以不会预习，一方面是没有养成预习的习惯，没有意识到预习的巨大作用；另一方面就是你们不知道怎么去预习，不知道预习哪些知识。以历史为例，书本后面的'本课测评'就是你们预习的方向。因为测评的内容就是本课的重难点，你们预习的方向就是学习内容的重难点。现在请各位课代表稍微辛苦一下，在接下来的一周时间里，你们请学科老师帮你们把预习任务安排一下，从下周开始，你们自己尝试着去安排预习内容。"

在各科老师的指导下，很多学生逐渐找到了相应学科预习的方向，理解了预习在学习环节中的重要价值。经过一段时间的摸索和实践，很多学生逐渐可以独立安排自己的预习任务，这样课堂学习的氛围也逐渐活跃起来。在这个基础上，我又请班长发动一些学习能力强的同学经常就各科预习的内容在班级进行交流。

期中考试，虽然有少数学科没有实现学生们在挑战书中承诺的明显的进步，但是老师们都表示，挑战书的有效期可以延长到期末考试。

长期以来，调整座位似乎是班主任的当然权限和责任。但是班主任一手包办的座位安排，学生的满意度却不高。这不，班长已经将班级好几位同学要求调整座位的申请摆在我的面前。

学生的座位为什么难调，表面上看是班主任无法照顾到每一位学生的利益，无法做到绝对的公正、公平，而深层次的原因，还是班主任的管理理念与学生的"理想座位""理想同桌"之间存在着差距。

有些学生喜静不喜动，有些学生希望同桌努力上进，有些同学……每一位学生在座位方面都有着自己的诉求。而这些，仅仅依靠班主任是无法处理得尽善尽美的。

学生的座位，不妨交由学生自己去安排，"假如我是老班"活动，继续进行！

我首先将座位调整的权力下放给以班长为首的班委会，要求班委会先征集学生关于座位调整的意见和建议，再根据这些意见与建议，制定班级座位调整方案。

学生们的建议五花八门，没想到学生们对座位的期待有那么多，怪不得我每次调整座位之后，学生们总会有这样或那样的意见。

班干部们把学生们关于座位的意见和建议进行了分类。性别方面，大部分学生希望男、女生可以搭配一下，"男女搭配"，学习不累；学习方面，很多学生主张学习优秀的学生可以与学习困难一些的学生坐在一块，这样可以发挥"先富带动后富"的效应；身高方面，学生们建议座位前后循环，组内调剂；个性方面，学生们提出设置座位缓冲期的建议，即如果同座位确实在个性上差异较大，班委会可以给他们设置一个座位缓冲期，缓冲期结束后如果还是无法适应，班委会再根据同学们的需要进行调整。

在学生们意见的基础上，我指导班委会制定了这样一个座位调整制度——班级座位"一三四"制度。"一"指的是，学生们的座位每周前后、左右各循环一次；"三"指的是，三人为一组同桌；"四"指的是，座位调整的四个原则，"公平""和谐""向上""自主"。"公平"指的是，班委会调整座位必须遵循公平的原则，不能徇私舞弊；"和谐"指的是，同学们对自己的座位安排有不同意见的时候，可以向班委会提出意见和要求，同桌之间不能因此出现矛盾；"向上"指的是，同学们坐在一起，要互相鼓励，目标积极向上；"自主"指的是，同座位同学组成一个自主管理小团队，在学习、纪律、卫生等方面互相监督，互相鼓励。

这个座位调整的方案得到了同学们的高度认同，接下来便是具体操作了。

"说起来容易，做起来难。"首先就是三个人的同桌如何组建。很多同学在一起做同桌久了以后，既结下了深厚的友谊，又难免会产生一些小矛盾，他们既想尝试新的同桌，又对原来的同桌有所依恋。怎么办？班委会有点犯难了，我点拨他们，"解铃还须系铃人"，问问同学们的意见。果不其然，学生们立马在求同存异的基础上，拿出了自己的方案——自由组合，双向选择。班委会把班级座位分区图设计好，学生们根据双向选择的结果，很快便组合好了。

自己选择的座位，自己要珍惜。根据学生的意愿组建同桌，好处是学生们自己比较满意；缺点是，学生们毕竟是未成年人，他们自主管理的意识不足，不久，自由组合的同桌便出现了一些纪律问题。这又该怎么办呢？班委会已经有了经验，出现的问题，还是请学生们去解决。

班委会召开了一次班会，主题是"我的座位我珍惜"。班委会用 PPT 列举了自主组合后存在的一些问题，每个问题之后都打上了一个大大的问号。

问题出现了，怎么办？是把调整座位的权力交还给班主任，还是……"我们自己来解决吧。"学生们在底下小声嘀咕着。"怎么解决呢？"班长接着问。"我们自己定一个自律协定，如果同桌之间不遵守这个协定，那么就请班委会或者班主任直接拆散重组。"

自律协定由同桌三位同学共同制定，简单明了，主要是依托这个协定监督和约束自己的行为，提高遵守班级纪律的群体认知。

自律协定是个好办法，一方面锻炼和培养了学生们的纪律与规范意识，提高了同桌之间的纪律达成的默契度；另一方面，纪律等问题，由学生想办法来解决，比外在施以压力来解决矛盾要小得多。

换个角度，让学生去站在班主任的角度去思考自身存在的问题，并且尝试着在班主任和老师的帮助下去解决它，不失为一种解决班级学生疑难问题的好方法。

假如我是学生

"小刘今天迟到了，而且上午四节课都在打瞌睡……"看着班级日志，我的火腾的一下起来了！"给我把小刘喊到办公室来！"

看到小刘，未等他开口，我劈头盖脸就是一顿狂训，最后要求他晚上请家长到学校来。

下午，小刘没有到校，打家长电话也一直没人接。直到傍晚，小刘的爸爸才给我回了电话。原来，小刘从昨晚开始就一直喊肚子疼，折腾了一夜。今天下午，他的症状又加剧了，他奶奶急忙把他送到了医院。小刘的家长在外打工，因为工作原因，手机经常不放在身边。小刘由奶奶陪读，奶奶不会用智能手机，所以没来得及向我请假。

小刘最后确诊是胆囊炎，住院了一段时间。

小刘住院的这段时间里，我一直心怀愧疚，也在不断地反思，甚至是懊悔。小刘当时的行为确实违反了班纪班规，但是，我也应该听听他的解释啊！

在我们的班主任工作经历中，类似于这样的情况，并不是个案。我们总认为班主任就应该赏罚分明，就应该铁面无私，但是学生与我们的距离却越来越远。为什么会出现这样的情况呢？归根结底，还是我们没有真正养成换位思考的习惯，我们管理的对象是活生生的学生，他们也有情感，也有个性，也有自己看问题的角度与思想。在班级管理中，换位思考是班主任搞好工作的必修课。

"假如我是学生"，是我在小刘回来之后，开展的一次班主任换位思考的尝试与班级管理理念的一次自我"革命"。

一、"假如我是学生"的前提是我们必须真正了解我们的学生

爱默生指出："教育的成功秘诀在于尊重学生。"要想走近学生，了解学生，首先必须得尊重学生。

随着班主任工作年限的增加，很多班主任无形之中会产生"角色固定"的问题。所谓"角色固定"，指的是班主任在长期的管理中容易形成固定的思维与认知，容易从自我的角度去看待、分析与解决问题，从而忽视了学生、家长的感受，这很容易导致师生之间关系的不平等，影响师生之间的感情以及班级问题的有效解决。

班主任要经常性地与班级学生进行沟通，根据学生的特点，采取相应的教育策略。班主任与学生沟通的方式可以是面对面的谈心，也可以采用问卷调查或者是班级周记等方式。经常性的沟通很容易让学生与班主任之间建立起彼此理解与信任的关系。

在体育节中，班级的比赛成绩不是很理想。体育节结束之后，我并没有一味地指责学生，而是肯定了学生们在体育节之前，利用有限的时间认真训练的拼搏精神，同时也指出少数学生缺乏集体荣誉感的问题。站在学生角度理解他们因为成绩不理想而产生的沮丧感和负疚感，在肯定他们的努力与拼搏的前提下，指出他们存在的问题，既不会打击学生的积极性，也可以指出问题的症结，为加强班级管理提供了抓手和契机。

班级的主体是学生，班主任必须构建生本观念，重视发挥学生的主体地位。班主任在组织班级活动、制定班级制度时，要从学生的需求角度出发，这样更容易调动学生参与活动的积极性，提高班级管理的有效性。

二、"假如我是学生"的关键是理性处理学生问题

学生之间发生矛盾和小摩擦是很正常的现象，如何处理学生之间的问题，最能考验一个班主任的工作能力与工作技巧。处理得当，不仅化解了矛盾，还有利于提高班集体的凝聚力；处理不当，不仅不利于班集体的建设，还会让部分学生质疑班主任处理问题的公平性，导致师生之间关系紧张。

蹲下身来，站在学生的视角，是更好地处理学生问题的关键。我在处理学生问题，尤其是学生矛盾的时候，通常采取以下的步骤。

第一，发生了什么？学生之间出现矛盾和问题的时候，班主任首先要了解清楚发生问题的原因是什么。

我一般会与发生矛盾的学生单独沟通，让学生坐在我面前讲述事情发生的经过。很多学生在描述事情过程的时候情绪会很激动，容易带有个人的感情色彩。这个时候，班主任的耐心倾听会让学生的情绪逐渐平静下来，有助于班主任更客观地了解问题的来龙去脉。

第二，错了没有？学生之间发生的许多矛盾都没有原则性的错误，大多是因为未成年人不成熟、不理性导致的，很多时候，学生们在矛盾发生之后也会产生懊悔的情绪。

我在处理学生问题时，不先入为主，不主观评判孰是孰非。而是采取让学生自我反思的方式，主动去寻找自己身上存在的问题。在班主任的引导与鼓励下，很多学生在自我反思中，自然地

化解相互之间的矛盾。

第三，你打算怎么办？怎么处理产生矛盾的学生呢？我采取的办法是，请当事同学先提出处理的意见。让学生们站在老师的角度，依据校纪班规去考虑处理意见，既是对学生进行校纪班规的教育，也有利于学生理解和接受学校与班级的处理决定。

第四，以后应该怎么办？班主任在处理学生问题的时候，还要着眼于长远，让学生从问题中汲取教训，避免或减少类似问题的发生。

我处理学生问题的最后一个环节通常是要求学生在全班同学面前公开表态，就以后若出现类似问题，应该如何去解决谈看法。通过一两个人、一两件事，教育班级的大多数学生。

三、"假如我是学生"的目的是提高班主任管理班级的智慧和涵养

学生小茁，在考上研究生的时候给我发了一条很长的短信，短信的结尾是这样一句话："王老师，我对你感激之至，也恨之至！"

小茁是高二文理分科来到我的班级的。小茁个性鲜明，有一次，她在贴吧上发了一个帖子："老王，存天理，灭人欲。""老王"，是学生对我的民间称呼；"存天理，灭人欲"指的是，我对他们的要求太严格了，比其他班级要严厉得多。这个帖子在班级学生中产生了很大的影响，也给我的班级管理带来了很大的被动。

当我看到这个帖子之后，非常生气，在全班面前将小茁批评了一顿。我的公开批评虽然让贴吧风波暂时告一段落，但是却让小茁陷入了班级学生的对立面的境地，很多学生觉得小茁在贴吧上公开指责班主任，是故意破坏班级的形象。自此之后，小茁在

班级中就显得愈发孤立。

没想到这么多年过去了，小茁依然放不下这件事情，看来当时我将帖子这件事扩大，在她的心里刻下了深深的伤痕。

看着小茁的短信，我无数次在重演和改编着当时的场景。面对小茁的帖子，作为老师，我肯定很生气，毕竟无论是对她，还是全体的学生，我都是付出了巨大的心血的，看到学生在贴吧里公开抨击自己，心里难免会产生愤怒的情绪。但是我有没有去想一想小茁为什么会发这个帖子呢，有没有其他方式让小茁理解老师加强班级管理的想法和措施，即使小茁不理解，也没有必要在班级学生面前把这件事公布出来，完全可以在私下里与小茁进行沟通啊。

小茁的短信，让我对自己的管理方式，又进行了一次深刻的反思。我们面对的教育对象主要是未成年人，大多数未成年人的思想还不成熟，行为也难免有过激的时候。班主任在班级管理的过程中，面对学生一些过激行为的时候，要通过换位思考，站在学生的角度审视他们的行为，这样可以不断锤炼我们管理班级的智慧和涵养。

换个位置、换个角度去审视班级存在的问题，会帮助我们班主任更快、更好地成长。

妙手巧解"风暴结"

"你凭什么要求我家长过来!"小牛几乎喊了起来。看到小牛愤怒的眼神,小张老师更加怒不可遏:"就凭我是班主任!"师生之间互不相让,一场"师生 PK 秀"在班级上演了。

面对学生直接挑战班主任权威的突发状况,在我的职业生涯中也不止一次出现过。班主任,尤其是年轻的班主任,因为经验不足,脾气急躁,在处理学生问题时,往往操之过急,方法不当,欲速则不达。日积月累,很容易让自己站在学生的矛盾对立面,陷入班级管理的矛盾漩涡。长此以往,不仅班主任自身容易身心疲惫,班级管理也会陷入僵局。

针对这样的问题,我觉得班主任应该尽量让自己从可能产生师生矛盾的"风暴"中心绕开。怎么绕呢?难道不管了?当然不是!班主任是班级的主要管理者,在不影响班级管理效果的前提下,不妨尝试从以下几个方面努力。

妙手一:自己的事情,"自己"解决

高中生是一个生理与心理都在发生巨大变化的群体,很多学生的情绪波动大,容易激动。在这种情况下,如果事无巨细,都由班主任出面处理,不仅牵扯了班主任的精力,处理不当,反而容易激化师生矛盾。

小赵是班里有名的"刺神"，作业经常迟交，课堂上经常睡觉，无论怎么提醒也无济于事。为此，只要他不按时交作业或者出现打瞌睡的情况，我便勒令他站起来反省。直到有一次，他又因为这种情况被我勒令站起来时，竟然当着全班同学们的面对我吼道："站着也没用！除非你让我站到毕业！"看着小赵昂起的脖子，我更加怒不可遏，一把把他推出教室，这更加激怒了小赵，他竟然用手把住门框，就是不出去，看着越来越僵持的局面，我只好丢下"你不走，我走！"这句话后愤而离去。

为什么小赵今天的情绪那么激动呢？冷静下来之后，我决定找他身边的同学了解一下情况。原来小赵家是开餐饮店的，一家人都住在店里，每天人来人往，导致他的学习效率非常低下，加上他的基础本来就比较弱，所以每晚要熬到很晚才能睡觉，小赵又要面子，从来没对我提起这件事。今天的激烈表现，实际上是他情绪积聚后的大爆发。我该怎么处理这件事呢？正当我愁眉不展的时候，组长小寒对我说："老师，让我们来试试吧！"对啊！让同学们去试试，这样既可以减少小赵与我发生正面冲突的概率，又可以尝试另外一种改变小赵学习习惯的方法。在我的支持下，小寒给全组同学分了工，一组负责遴选适合小赵的作业，这些作业难度适中，有利于小赵独立完成；一组帮助小赵解决疑难问题，尽快恢复他的学习信心。小赵在小寒和同学们的帮助下慢慢有了变化，不按时交作业的情况越来越少。当然，在课堂上打瞌睡的现象也越来越少见了。而这一切，都与我无关。通过小赵的变化，我逐渐认识到有些问题让学生们去处理，比我大包大揽的效果要好。

妙手二：主动认错，小事化无

班级管理中的小问题层出不穷，归根结底，还是因为学生们自主管理意识不强，但是意识的培养靠"管"是肯定不行的，关键在于引导。在分级化解矛盾的同时，我在班级还推行了一种模式，即学生犯了一些常规性错误后，只需书面向所在小组或班委会写一份书面说明，把犯错的原因、改正的办法以及改正的时间说清楚，相关班干部根据他的说明，对他进行考核。小丁喜欢转笔，而且还专门买了几支颜色各异的"转转笔"来训练，有时上课时也会情不自禁地拿出来转两下，为此，有些科任老师也曾经在课堂上善意地制止过这种行为，但过不了几天，小丁又会手痒起来。反复几次之后，科任老师意见很大，小丁也对老师的制止有了抵触情绪。为了让他明白在课堂上转笔不仅分散了他自己的注意力，也会影响到科任老师的上课情绪，我推荐他读一下欧阳修的寓言故事《卖油翁》，读完后请他结合自己的转笔行为写一份说明，谈一谈感受。说明交上来了，在说明中，小丁坦率地剖析了自己的认识误区，他认为转笔是一项很酷的技能，朝思暮想成为其中的大玩家，以博得同学们对他的注意。看了这篇短文后，他认识到，自己转笔转得好只不过是"手熟耳"，自己的当务之急不应该是成为"玩家"。为了克服这种行为，他请值日班长不断地督促和提醒他。此后小丁再也没有把转转笔带进学校。

妙手三：普遍问题，专题解决

在班级管理中有些问题在很多学生身上都或多或少地存在着，这该如何解决呢？既然普遍出现，那必然有其规律，只有通过追本溯源才能够找到妥善的解决方案。每当星期天晚自习时，很多学生都会赶周末应该完成的作业，有的学生为了完成任务甚至会去抄袭。针对这样的普遍性问题，我也曾经尝试过在晚自习前，让各科课代表把作业收上来，对于抄袭，一经发现立即重罚。结果作业是收上来了，但只治了"标"，"本"却没解决：作业质量没上来，抄袭现象不久又会出现。更严重的是，很多学生私底下抱怨很多，抵触情绪蔓延。

在一次专题班会课上，我问了学生们三个问题：周末作业量如何？完成不了的原因主要是什么？对于抄袭怎么看？很多同学谈了自己的看法：绝大部分情况下，周末作业量是适中的，之所以完成不了，是因为自己周末浪费了很多时间。抄袭不仅仅是因为赶作业，更多的时候，是因为有些问题自己解决不了。原因找到了，那就对症下药。我和同学们针对原因，提出解决办法，最后形成了这样一个解决方案：每周由学习委员根据作业衡量作业量，如果作业过多，则由我向相关老师协调。每位同学要根据自己的实际情况制定合理的学习计划，确保自己周末的任务及时完成，完成不了的要向学习委员说明情况，如果累计出现三次以上，则通报其家长，共同会诊协商解决办法。对于一些普遍棘手的题目，则请班级相关学科的拔尖学生，在周末晚自习时小范围讨论，然后给大家示范讲解。这个方案施行后，作业拖拉、抄袭的现象明显减少，学习风气有了较大的改观，同时学生对于班主任的抱怨少了，师生关系更融洽了。

逐渐地，我的班级形成了这样的问题处理机制：小问题不出组、一般问题不出班、大问题集体会诊。小问题指的是诸如小组内同学间的小口角、小摩擦，自习课讲话，卫生打扫不及时，未穿校服等，这些问题由小组里的学习、纪律组长及卫生组长解决，解决结果反馈给我就行了。一般问题指的是组与组之间同学发生矛盾、早读迟到、作业未及时交、携带电子产品进入班级等问题，纪律方面由纪律委员按照班纪班规负责处理，学习方面由学习委员会同相关学科的课代表负责，其他问题则由值周班长处理，问题解决以后，要及时反馈给我。如果一个学生屡次在同一個問題上犯錯誤，則交由班主任處理。大問題則主要針對早戀、打架、上網吧、曠課、不尊重老師等行為，這些問題我會及時與家長或相關學科老師合作，共同商量解決的方案，通過集體會診的方式，把科任教師和家長也動員到班級事務的處理中。分級處理一方面減少了班主任的工作量，同時也鍛煉了班幹部的工作能力，增強了班幹部的責任意識。

班主任工作是一門"技術活"，適當地學會"繞開"矛盾，避免與學生硬碰硬，不僅不會削弱班級的管理效果，反而有助於提高學生自主管理的意識與水平，有助於班級管理層次的提升。

贴吧里的"自卫反击战"

"老王，存天理，灭人欲。"当我像往常一样随意浏览学校的贴吧时，这则帖子一下子吸引了我的眼球。"老王"不是私底下学生们对我的"官方"称呼吗？这则帖子的大意是抱怨我平时对他们要求太严格了，当然更多的是对我班级管理方式的误解和歪曲。

学生在贴吧上议论甚至是指责老师已是司空见惯，即使是个别学生言辞激烈，老师们也只能采取冷处理的办法，听之任之。但是老师们的包容，往往会让贴吧上的舆论一边倒，让误解甚至是错误的指责愈演愈烈。

没想到这次我也"中枪"了，看到贴吧里的不实指责，我决定反击！

一、用事实说话

我在贴吧上用"二班老王"注册了一个 ID。当指责我的帖子占据贴吧前五名的时候，我出手了。我的回帖直接回应了发帖人的问题。首先关于发帖同学指责我班"规矩严，不民主"的问题，我的回应是，军队之所以有战斗力，靠的就是铁的纪律！二班亦然，二班纪律严明，但是二班的班纪、班规都是学生自己制定的，二班有一个根本大法——"班级宪法"，"班级宪法"条条都是依据《中学生日常行为规范》制定的，这怎能说严？这只是最基本的行为要求，并且"班级宪法"征得了全班三分之二学生的同意，这不民主什么叫民主？之所以有的同学觉得严，那是因为我们班是有纪必守！"班级宪法"不是一纸空文，包括老王在内，无故迟到了都要依据"班级宪法"检讨反思。发帖同学的第二个问题是："老王越俎代庖，在班级搞英语单词'日日清'，弄得我们现在'压力山大'！"我的回复是，班主任不仅是班级的管理者，也是班级学习的组织者。我也不想越俎代庖，但是你们希望看到英语老师整天疲于奔命？她一个人带三个班的英语，还担任班主任，如果我不帮她分担一些，那么她才会"压力山大"！更重要的是英语学习重在积累，单词关不过，对于绝大多数学生而言，那就是一场灾难！发帖者的其他问题，我也一一做了回应，最后我说，我真诚地希望这位发帖的同学能够理解老师们管理班级的出发点，同时也能够实事求是。

然而我的回复并没有让事情得以澄清并平息下来。仅仅过了一天，事件升级了！因为学校要求学生对教师进行测评，我便在班级做了这样一项要求：多放大老师的优点，多体谅和理解老师的失误或不足。结果当天晚上，贴吧上又出现了一则帖子："老王，你太厉害了！竟然让我们弄虚作假！……"发帖者不仅歪曲我在班级提的要求，言辞上也有激烈之处，更让我吃惊的是发帖的同学为同一个人。

二、化被动为主动

看来这位同学对我的意见很大啊，仅仅用事实说话已经不能改变局面了，不实的指责与言语上的攻击让我决定将此事再升级！怎样升级呢？那就是让更多的人参与进来，让支持与理解老师的同学们能够用公正的声音淹没那些不实的指责。第二天的早读课上，我用多媒体将贴吧上的帖子公之于全班同学面前。当时我没有做任何评论。第二堂课下课的时候，我看到办公桌上放着一张写得密密麻麻的纸。标题是："挺老王，不解释！"纸上写道："老王，您别难过，我们看了帖子上的内容之后非常震惊与愤怒！极个别不懂事的学生的话，请您别放在心上。""老班呀，虽然有不和谐的声音，误解您一直以来无私的付出，但请别忘记，我们都是您最坚强的后盾！"看到纸上密密麻麻的签名和一句句温暖人心的话语，我既感动，又激动。同时，很多学生纷纷在贴吧里留言，一方面对这些言过其实的帖子予以反击，另一方面则对包括我在内的班级科任老师表达感谢之情。贴吧里的风向标发生了逆转。

三、风波后的反思

在贴吧里将被动化为了主动，并没有让我真正开心起来，为什么老师的真心付出，有时候却换来少数学生的误解乃至指责呢？问题不在老师，也不在学生。"症结"在于师生之间沟通不畅，沟通渠道单一。以这次贴吧风波为例，如果我依然采取常规的"冷处理"方式，不正面回应学生的质疑，那么师生之间的误会会越来越深，而不明真相的跟帖也会给班主任带来莫名的烦恼与压力。平时，我们总是以"我这样做是为了你好"这种想法去处理和安排班级事务。但是有些学生并不能理解老师的"良苦用心"。这就要求老师能够将自己管理班级的想法与做法，及时和同学们开诚布公地沟通，并学会站在学生的角度倾听他们的意见和建议，再结合他们的意见加以完善。另外，我们还要有效地利用多种渠道和学生沟通交流。在这次风波之后，我开通了自己的博客，在博客里，我把自己关于班级管理的想法放在上面，让同学们可以就此畅所欲言，有什么想法也可以在上面提出来。同时我的电子邮箱和 QQ 号也在班级公布。班级也组建了 QQ 群，定期就班级的学习、管理等方面问题进行探讨和交流。运行一段时间之后，我发现师生之间变得比以前亲密了，我对很多同学的认识与了解也发生了改变，原来现在的学生思想是那么的新锐和具有前瞻性。

"贴吧事件"给我的班主任管理工作又提供了一次提升的机会。

班主任的协调力：
如何融洽科任老师与学生的关系

班级管理与运转如果没有班级老师的深度参与，其效果肯定是要打折扣的。在我们的班主任工作生涯中会搭档不同性格和教学风格的老师，如何才能取长补短，发挥班级教育教学的最大效益呢？

"固执"的周老师

"老师，朱伟和周老师在课堂上闹僵啦！周老师请您去一趟！"周老师是一位有着丰富教学经验的老师，工作认真负责，但是有时候喜欢较真，在处理有些问题的时候不够灵活。很多同学都在私底下称呼他为"倔老头"。

这次朱伟之所以与周老师在课堂发生冲突，是因为朱伟没有及时完成作业，而周老师未给朱伟任何解释的机会，便勒令他补齐作业后再来上课。朱伟是因为这几天身体不舒服，所以出现了作业拖拉的现象，因此感到很委屈，一时情绪激动，便与周老师在课堂上起了冲突。

我在协助周老师稳定好课堂秩序之后，将朱伟带回办公室。

看到朱伟委屈的眼神，我示意他先坐下来。等他情绪平复以后，我对他说，老师知道你今天很委屈，但是你要记住一点，周老师对你的处理是对你的关心，因为他不知道你生病了，在课堂上，他没有时间去听你解释就要求你出去补作业，虽然有点急躁，但是换个角度想想，老师当时是不希望因为你作业没完成而耽误其他同学的学习时间。朱伟听了我的解释，点了点头。看他已经听进去了，我接着对他说，等一会儿下课后，你要做两件事，一是当着全班同学的面向周老师道歉，另一个就是抓紧时间把老师布置的作业按时按质完成。

朱伟与周老师的冲突并不是偶然的现象，最近，已经出现几次学生顶撞周老师的情况。虽然各有原因，但是有一个共同点，那就是周老师不愿意倾听学生的解释，很容易让处于青春期的学生们产生抵触情绪。

看来，想办法让周老师静下心来倾听一下学生们的心声，是一件迫在眉睫的工作了。我把目光移到了摆在桌子上的"班级周记"上。对啊！这本周记是学生们向我倾诉内心世界的重要途径，很多平时不方便对老师们讲的话，他们会通过周记的形式反馈给我。我何不请周老师方便的时候也来看一看"班级周记"呢？通过阅读周记，了解学生们的所思、所想，也许可以让周老师觉察到自己在处理学生问题的过程中存在的问题。

我借口近期工作比较忙，请周老师帮忙批阅一下周记，周老师欣然应允。过了两天，周老师在批阅完周记之后，随口和我说了一句，孩子们写的周记还真有意思。周老师随口的一句话，让我看到这个方法已经有效了。连续几周时间，我都会把学生周记送给周老师代为评阅，而周老师也总是欣然应允。

周老师批阅周记的热情一直不减，偶尔还忍不住要在学生写的周记后面写上几句评语，表达一下自己的看法。我知道，周老师正在逐渐走近他教的这帮孩子。

说冷笑话的孙老师

小孙老师是一位青年教师，平时上课喜欢搞几个冷笑话来活跃一下气氛，但总是事与愿违，笑话不仅不能活跃课堂气氛，有时候还把课堂气氛搞得很尴尬。有的学生还跑来向我反映小孙老师对书本知识的讲解不透彻，蜻蜓点水，浮于表面。

这可怎么办呢？必须要尽快引导孙老师调整教学方式，否则，很可能会导致更麻烦的后果。

孙老师参加工作的时间并不长，从学生们对他的反映可以看出来，他的本意是希望通过讲笑话的方式，提高学生对课堂的兴趣。可是他越是希望得到学生的认可，学生越是抵触，他也很苦恼。

利用一次在食堂吃晚餐的机会，我专门和小孙老师坐在一块儿。我开诚布公地和他谈起了最近学生和家长对他的课堂的一些反馈情况，并表示希望听听他的看法。

小孙老师看到我诚恳的态度，也敞开了心扉："王老师，我真的希望能够和您一样，在课堂上可以让学生开怀大笑，让他们像喜欢您一样，喜欢我和我的课。可是我发现他们压根儿就不配合我，每次我都好像是自己说给自己听一样。"

小孙老师越说越激动，甚至眼圈都红了。我得想办法帮助孙老师渡过难关。孙老师的问题在于，他片面地认为，课堂的精彩是老师善于讲笑话，善于调动气氛，而忽视了课堂教学的本质问题是教师教学的内容，而不仅仅是气氛的调动。这是许多青年教师的通病。

小孙老师教的是生物，虽然与我的学科不同，但是，教学的成长路径是一样的，他的困惑，我也有过。我比较内向，面对学生也曾手足无措，幸运的是，我的老师，也是我的领导，他给了我方向和信心，他告诉我，我的优点是想把书教好，缺点是，急于求成。我必须脚踏实地，把每一节课扎扎实实地上好。在老师的指导下，我钻研教材，研究学生，很快，我的课便有了起色，学生觉得每一节课都有收获，我也逐渐收获到了教学的自信。我将这段经历记在了我的教学反思中。

或许，我的这段教学反思可以帮助小孙老师找到解决困惑的道路。

我把当时的教学反思复印了一份送给小孙老师。小孙老师很快就给我发来了信息："王老师，我有些急于求成了，总认为搞笑一下，就可以活跃课堂气氛，就可以让自己成为受学生欢迎的老师，忽视了课堂教学的真谛。看到您写的教学反思，我看到了您战胜自己的勇气、决心和方法。我试一试。"

看得出来，小孙老师的决心很大。一段时间后，学生们反映小孙老师课堂上的冷笑话没了，取而代之的是小孙老师精心准备的课件和习题。

我还鼓励小孙老师积极参加学校的青年教师基本功比赛，以赛促练，以赛促教。经过不断努力，小孙老师的课堂渐渐地有了起色，在期末测评中，小孙老师的满意度有了大幅度的提升。

在我们班主任的工作生涯中，需要与很多老师合作。班主任需要学会站在老师的角度，配合老师，融洽他们与学生之间的关系，进而增强班主任和科任教师的合力，提高教育教学的效果。

第五篇　家校携手，共解育人难题

　　探寻家校共育的高效路径，是班主任的必修课之一。

　　在家校共育的实践中，我们需要有智慧、适度地参与到个别学生的"家务事"中，教育、引领家长科学、主动地配合学校的教育，形成教育的合力。

　　家校共育是路径和方式，根本目标是把学生培育好。班主任在这一过程中富有创造性和爱心的举动，也会收获意想不到的教育效果。

"班官"巧断"家务事"

俗话说，清官难断家务事，可是班主任在日常的班级管理中，却不得不面对各种各样的家庭和个性迥异的家长、学生以及他们的"家务事"。因为家庭环境和家长、学生个性的千差万别，这些"家务事"给学生带来的影响也不尽相同。要做好孩子的教育工作，班主任有必要介入学生的"家务事"中去。

刘然的"专职副班主任"

"老师，我这几天的情绪很不好，家里发生的事情太多了，我的心里很乱，想找您聊聊……"话未说完，刘然的眼泪就忍不住流了下来。原来，刘然的父亲因为工作原因经常在外应酬，对刘然的学习关注不够，加上刘然这几次考试成绩不是很理想，刘然的母亲便指责她的父亲，进而爆发了"内战"，结果是刘然的母亲气得跑回了娘家。

要断这个"家务事"，首先得和刘然的父亲沟通一下，刘然曾经告诉我，她的父亲是个直性子，而且很要面子。了解到他的这个性格特点后，我决定采取"迂回"战术，先和他聊一聊其他话题，天南海北地聊了大半个小时之后，刘然父亲的话匣子打开了，主动和我谈起了"家务事"。"王老师，我知道您今天来的原因，其实我有时也很自责，孩子上高中了，很需要家长的关注，但是有时朋友们一喊，我就不好拂人面子，常常搞得很晚才回家。看到刘然现在的样子，其实我也有点后悔，真不知道怎么办……"看到他后悔的样子，我便对他说："这样吧，咱们先从容易做的事儿做起，她妈妈的工作我去做，你这几天尽量把应酬都推掉，每天按时接送刘然并负责她的三餐，怎么样？""好！"刘然的父亲一口答应下来。

告别刘然的父亲后，我马不停蹄地来到刘然的外婆家，这几天刘然的母亲一直住在这里，她的母亲一见到我，便马上把刘然父亲的种种不关心刘然的"罪状"一一向我倾诉，在听完她的"控诉"后，我问了刘然母亲一个问题："你希望她的父亲改变吗？""当然想！"刘然母亲更加激动了，"只要他能抽出时间多陪陪孩子，孩子也不至于出现现在这种状况。""那好，现在请你配合我演一场戏，看看能不能把刘然父亲给拉回来，这段时间，你先不要回家，我们把照顾刘然的担子交给她父亲，让他也来感受一下照顾孩子的艰辛。"

开始几天，刘然的父亲都能够很好地完成照顾刘然的任务。不过"好景不长"，有一天放学的时候，我接到他的电话，原来又有一个无法推托的应酬，让他无法按时接刘然回家了，我安排刘然先在办公室做作业，并给她从食堂打来了饭菜。等到刘然父亲赶来时已经很晚了，他非常歉疚地对我说："王老师，真对不起，给您添麻烦了。""能理解，有时候确实是工作的需要，也没办法，你一个人照顾刘然也不容易，要不我们一起去把她母亲接回家吧？不过咱们得有言在先，你不能再像以前那样，把照顾刘然的责任一股脑地推给她妈妈，你和她必须要做一个合理分工，怎么样?""行!王老师,我以后就负责接送刘然。您看怎么样?"
"我说了不算,那得看她的妈妈是什么态度了。"其实在此之前,
我已经和她的妈妈通了气。当天,刘然的妈妈被我们"接"了回
来。她的妈妈能回来,仅仅是权宜之计,要想"长治久安",还
必须把她父亲的注意力引导到对刘然的关注上,减少他们夫妻间
在这些问题上的摩擦。

刘然是文科生,但是她对时事政治不是很关注,为了进一步
激发她父亲参与到她学习中来的热情,我决定每周给刘然布置一
两道时政题目,并请她与自己的父亲共同完成。第一周,我出的
题目就是结合本地的实际情况,谈一谈行政区划调整的原因及可
能产生的影响。中学生很难全面客观和理性地看待这个问题,但
是刘然的父亲所从事的职业却与此有着密切的关系。在刘然父亲
的帮助下,刘然竟然针对这个问题写了一篇小论文,我特地把这
篇小论文复印了一份,贴在班级的学习园地里。这个好消息自然
也被刘然带回了家,她的父亲也很高兴。过了一段时间,父女两
人在交流对时事的看法中,关系渐渐亲密起来。为了巩固战果,
我给刘然的父亲安排了一个"岗位"——刘然的"专职副班主
任",专门负责协助和监督刘然在家的学习,并且要接受我这个
班主任的"业务指导"。刘然的父亲欣然接受了我的"任命"。

小夏的"吃肉问题"

小夏是班级的学习尖子,平时学习很刻苦,可是最近一段时
间,她总是请病假,最严重的一次是出现了荨麻疹症状,医生诊
断她是严重的营养不良,建议她要多补充蛋白质,多吃鸡蛋和肉
类。这可难坏了小夏的妈妈。女孩子的爱美之心,自然无可厚

非，但是小夏为了保持身材，对肉制品一概拒之千里，她的妈妈使出浑身解数也无济于事，几次使用强制手段均以失败告终。无奈之下，她的妈妈只好向我求助。

这是道难题啊！解题的关键在于扭转小夏对"美和健康"的认识误区。

正好有一位家长在医院工作，我请她抽空给我们做了一次高中生身体健康与营养关系方面的讲座。这位家长在讲座中，运用翔实的数据和大量的事例说明营养均衡对于保障高中生健康快乐学习的重要性，并用多媒体"秀"了好多给自己孩子做的营养美味的饭菜。最后，这位家长还风趣地说："你看咱家的孩子为什么愿意回家，那是因为家里有美食在等着她啊，而且咱家的小公主也没有长胖啊。"在学生们的哈哈大笑声中，我请同学们用无记名的方式，把自己的饮食习惯写下来，然后请这位医生家长帮助我们参谋参谋。

从统计结果看，很多学生尤其是女生很少或基本上不吃猪肉，而且不少家庭由于经济条件有限，无法给他们提供更好的营养补充，这样下去，学生们的身体怎么能扛得住繁重的学习压力?! 我请医生家长根据家庭条件分层制定一些营养方面的具体菜谱和有关膳食合理搭配的方案。在班级家长例会上，我把这份方案发给了与会的家长们，请他们根据自己的经济条件，注意膳食的合理搭配。从家长的反馈中，我看到部分学生逐渐认识到了营养均衡的重要性，吃肉的学生在增多。可是小夏依然不情愿。为什么呢? 原来还是"怕胖"的心结在作祟。既然已经吹响了战斗的号角，那就必须攻克这道难题。我暗暗下定决心。我把小夏和她的母亲请到办公室，我们三人在一起制定了一份协议，在未来的两个月中，小夏若能做到不偏食，那么，我和她的妈妈想办法保证她的体重不会增加，小夏同意试行这份协定。怎么控制她的体重呢？其实就是督促小夏去运动。原来每天上下学，小夏的妈妈为了节省她的时间，都是骑车子接送她，我建议小夏每天自己来回步行。每天的阳光跑操结束后，我都会组织全班女生再快步走上一两圈。体育课上，我请体育老师组织一些不喜欢运动的女生多打打乒乓球，多玩玩篮球。当然小夏是重点对象。

过了一段时间，小夏的妈妈向我反馈了一个情况，小夏的饭量增加了，对肉制品也不是很抵触了。抓住这个契机，我向班级同学发出了一封倡议信，邀请同学们周末去爬学校附近的旗山看风景。"好啊！"学生们用极大的热情响应了我的号召。在周末的上午，当全班同学穿着整齐的校服、唱着欢快的歌曲在旗山山顶合影留念时，我似乎找到了解决问题的好办法——让孩子们在运动中更加健康和快乐地学习。而当我看到小夏带来的干粮时，我的信心更足了，因为她带了一大袋肉松饼。

"班官"虽小，但是"班官们"在处理孩子们的"家务事"中，却可以不断地找到职业的成就感、自豪感、幸福感！

班级的"一信、两群、三节"

　　家校共育是搞好教育的重要途径和方式。如何有效地开展家校共育呢?在与家长沟通的过程中,班级逐渐形成了"一信、两群、三节"的沟通模式。

　　简单来讲,"一信"就是致家长的一封信,"两群"就是班级微信群和 QQ 群,"三节"则主要指母亲节、父亲节和教师节。利用"一信、两群、三节"这个模式,我逐渐打通了与家长的沟通渠道,增强了与家长在班级管理中的互动,加深了家校之间的信任,为调动家长力量积极参与到班级管理中来发挥了巨大的作用。

　　英语焦老师工作认真负责,但可能是年龄较大的原因,与学生的沟通较少,与其他教师比较起来,她的教学效果不是很令人满意。针对这种情况,有些家长不断地提出更换任课老师的要求。面对家长们提出的这个难题,我一方面向家长做出解释,一方面想办法缓解家长的焦虑情绪,恢复他们对焦老师的信心。

　　在与焦老师沟通之后,我和焦老师联名草拟了一封致家长的信,信的名称叫作"我们一起去解决问题"。信中既向家长坦诚了学科教学存在的问题,也提出了改进教学的一些具体措施,同时恳请各位家长给我们更多的理解和支持。这封公开信打印出来以后，我和焦老师都在信上面签了名，并利用家长会的机会给每位家长都发了一封。这封致家长的公开信发出之后，原来强烈要求更换老师的声音渐渐平息下来。稳定军心之后，接下来便是恢复家长对焦老师教学的信心。焦老师的教学较为平和，这对于现在的中学生而言，吸引力显得有些不足，因此很多同学在课堂上开始玩起了小动作，所以课堂纪律显得有些涣散，当务之急是配合焦老师把课堂纪律整顿好。为此，我向焦老师请了一块"金牌"，每到她的课堂，我可以随时从后面推门听课，因为我的介入，学生们在课堂上不敢随便做小动作了。为了进一步提高学生在课堂上的听课效率，我坚持每天检查学生的英语课堂笔记和课后作业，同时配合焦老师检查学生的英语听写，这样一来，学生们对英语课堂的学习重视程度逐渐提高，教学效果开始有了起色。

为了全方位地让家长了解焦老师的教学工作，一段时间里，我在家长 QQ 群和微信群内，不断地展示焦老师批改过的作业，焦老师利用早读和晚读检查学生英语背诵的画面，焦老师与学生谈心的场景。这些展示改变了一部分家长对焦老师的看法，增强了家长们对学科教学的认同度。

打铁趁热，在逐渐安抚了家长们的抵触情绪之后，我站在班主任的角度客观地分析了英语学科教学需要家长介入的一些问题。比如，很多学生没有在家练听力的习惯，可是平时课堂教学时间又很有限，这样一来，听力考试的成绩必然会受到很大的影响。我把英语听力的音频资料发到班级群里，请各位家长下载下来以后，利用课余时间安排学生增加英语听力的次数，营造英语学习的微环境。每听一次，请家长在群里通知一次。家长一方面可以灵活地安排时间帮助学生进行听力训练，另一方面也可以在群里了解到其他家长是怎么安排听力训练的，这样一来，家长们之间也可以相互取长补短，相互交流学习的方法和经验。时间一长，家长们通过参与到英语学科的教学中，不断体会到学科教学的特点，逐渐改变了先前的浮躁心态。当然，在这一过程中，焦老师也不断调整自己的教学风格，尝试着拉近与学生之间的距离。

经过半个学期的努力，焦老师的英语教学成绩有了明显的进步，焦老师紧锁的眉头舒展了，家长们在群里理解和支持的声音更响亮了。

小周学习刻苦，但是成绩提升不是很明显，家长总是认为他没有尽全力，搞得小周同学一度失去了学习的信心。我在与小周家长沟通的过程中发现，他的父母很要面子，小周成绩没有大的起色，让他们觉得在朋友和亲戚面前失去了面子，进而迁怒于小周。要面子，那我就给足他们面子。要想让小周父母转变对小周学习的态度，必须要让他们认识到小周身上的优点，而且还必须让别人知道才行。小周学习态度端正，尤其是作业，完成得规范工整。我决定从表彰作业开始。每天我会利用微信群这个平台，编发班级作业规范榜单，把作业书写工整、认真的学生名单和他们的作业发上去，让全体家长观摩。连续几周，小周都榜上有名，这让很多家长在群里为小周竖起了大拇指。公开的表扬，让小周父母感到很有面子，对小周原本苛刻的态度也有所缓和。父母态度的转变也无形中减轻了小周的心理压力，小周学习的潜力反而被激发出来了。

班主任不仅要教书更要育人。高中生处于一个比较明显的逆反阶段，对来自父母的教育非常反感，更谈不上如何去感恩自己的父母了。感恩父母是对学生进行正确的价值观教育的重要前提，只有家长与学生的关系和谐了，才能更有利于学生的学习。

在我的班级里，通过父亲节、母亲节和教师节活动，营造出了独特的尊师孝亲的班级文化氛围。

每年六月，班级都会在紧张的备考之余，筹划即将到来的父亲节。同学们会在班级录制一段集体祝福父亲的视频。每位同学都会给自己的父亲写一封感恩的信，在信中很多同学回顾了父亲照顾、陪伴自己的点滴，也调侃了自己的父亲对自己严厉管教的往事。还有的同学会给自己严厉的父亲画上一幅漫画，用无言的形式表达对父亲的爱。在父亲节当天，同学们的祝福视频会通过微信群和 QQ 群向全体家长发送，而同学们写给父亲的信和画的漫画他们也会亲手交给自己的父亲。因为大部分的父亲都是比较严厉的，很多同学对父亲的爱往往是比较含蓄的，通过班级集体为自己的父亲过父亲节的形式，学生们把藏在心里的话说给自己的父亲，加深了父亲与孩子之间的了解，融洽了他们之间的关系。

对于母亲节，孩子们的想法就更多了。除了贺卡、鲜花和全班齐唱祝福歌曲之外，妈妈们的特殊待遇是，每次母亲节，班级都会为妈妈们"发行"一枚特殊的邮票。邮票底色为温馨的粉红色，邮票中既有中国"母亲花"之称的萱草图案，也有全体同学用自己母亲的姓氏拼成的一幅"心"型图案。母亲节当天，邮票会贴在同学们精心准备的贺卡上"邮"给自己的母亲。

在培育学生孝亲意识的同时，营造学生的尊师氛围，也是班级文化建设中的重要内容。

每年的教师节都是我引导学生表达对老师敬意的重要节日。教师节除了学校组织的一些尊师重教的活动之外，班级还会开展一项特别的活动来表达对老师的敬意，活动的主角就是学生们的家长。学生家长也都有自己的学生时代，教师节来临之前，我会请部分家长以文章和图片的形式分享自己在学生时代学习生活的点滴，表达对学校和老师的怀念和感恩之情。让学生的父母来回忆他们学生时代的点滴，表达他们对老师的感恩之情，实际上就是言传与身教的一种教育形式。学生们可以从自己父母的字里行间感受父辈们对老师、对学校深沉的爱。

请妈妈也当一回班主任

　　高中生逆反心理强，对家长的不当教育很反感，与家长关系紧张，尤其是一些"问题学生"这方面更加明显。久而久之，家长很容易对自己的孩子产生失望情绪，索性把教育的责任一股脑推给学校。这不仅增加了学校教育的难度，也极大地影响了教育的效果。如何让家长主动地参与到班级管理中来呢？我的做法是请家长也体验一下班主任的角色，从角色的转换中理解学校、理解教育，并更好地配合学校的教育。

　　江天宇是高二分科时转入我班的。由于江天宇喜欢上网，成绩一直没有大的起色，父母对他动辄动手，导致他与家长的关系紧张、对立。为此，他的妈妈曾经想过放弃。了解到这个情况后，我与江天宇做了数次开诚布公的谈心。原来，江天宇的父母都在经商，经常在外应酬，很少有时间陪伴他，为了排解自己的孤独，江天宇便把自己的兴趣转移到虚拟空间。其实他的内心也很矛盾，知道上网浪费时间、分散精力，但每次看到空荡荡的家，心中难免又油然而生一种孤独感，上网又成了缓解孤寂的"良方"。找到了病根，那就要对症下药了。"药方"就是转变他父母的教育理念。在与江天宇父母沟通的过程中，我发现他们对于江天宇的教育存在很大的误区，总认为只要给他提供足够的物质条件便可以了，学习是他自己的事，是学校的事，自己帮不上忙，加之自己比较忙，而江天宇又是男生，觉得平时的沟通也不是很必要。这样就导致了江天宇与父母之间逐渐疏远。看来要想配好这服药，得想办法转变他父母的教育理念。

恰好期中考试之后学校召开了家长会，家长会后，我郑重地向江天宇的母亲提出了一个建议："能不能安排一个时间，到班级来协助我担任一天班主任。"看到我诚恳的邀请，她同意了。

星期一一大早，升旗仪式开始前，江天宇的母亲（以下简称江妈妈）准时来到学校，开始了一天的"班主任生涯"。升旗仪式之后，我陪同江妈妈来到班级，当我向全体同学介绍完江妈妈的来意后，全班响起了雷鸣般的掌声。"看来，同学们很欢迎这位'新班主任'，"在我的鼓励下，江妈妈紧张的情绪渐渐平复下来，"那就请江妈妈正式上任吧。"说完之后，班长将上周班级的量化考核表递给了江妈妈，学习委员把上周的作业记录本和班级周记送了上来，值周班长将下午主题班会课的提纲拿给江妈妈过目……看到江妈妈应接不暇的样子，我请江妈妈和我一起去办公室处理相关班务。"还是先批阅班级周记吧，班级周记是班级师生沟通的桥梁，在周记里学生可以畅所欲言，建言献策，通过班级周记，我了解了许多同学更为优秀的一面。"听我这么一说，江妈妈迫不及待地翻开了周记本。一篇篇发自内心的文章很快吸引住了江妈妈。"没想到现在的孩子们思想那么丰富。"江妈妈边看边发出感慨。当看到江天宇的周记时，江妈妈顿住了，原来江天宇在周记里倾诉了自己的孤独与内心的矛盾挣扎。"总以为只要给他吃好穿好就行了，太忽略他内心的感受了。"江妈妈连连自责。时间过得飞快，很快到了大课间跑操，我陪同江妈妈一起来到田径场，看到学生们步伐整齐、英姿飒爽地驰骋在田径场上，江妈妈不禁连连发出赞叹。

下午班主任工作的重头戏是参加主题班会课，这次班会课的主题是"做最好的自己，做最优的集体"。这是期中考试之后，班级开展的一次集总结、表彰、反思于一体的班会课。班会课由值周班长主持，我和江妈妈作为特邀嘉宾列席班会。这次班会课在汪峰的《飞得更高》的背景音乐中，以刻苦学习、小组互助、健康生活、师生情深为主题，通过多媒体展示了一幅幅生动的画面，回顾了半个学期以来班级各项活动的点点滴滴。图片播放结束时，打出了一行字幕：一路走来，我们体会了很多的酸甜苦辣，成绩来之不易！亲们，继续加油啊！接着是期中考试优秀学生的表彰，在同学们一次比一次热烈的掌声中，我发现江妈妈的眼睛湿润了，她把笔记本记得密密麻麻，有些话还用笔反复标注了重点。班会课结束时，江妈妈在全体学生面前表达了自己的感受："古人说，听君一席话，胜读十年书。今天亲身参与、亲耳聆听了同学们的班会课，我的思想受到了很大的震撼，我既体会到你们学习的辛苦，更被你们进取的精神感动，你们是好样的！这个集体是好样的！"

一天的班主任历程在晚自习清脆的铃声中告一段落，当江妈妈把班主任工作总结交给我的时候，难掩内心的激动："王老师，非常感谢您给了我这次体验班主任工作的机会。说实在的，虽然并没有做什么实际工作，但是我看到了很多，学到了很多，他们的学习压力真的很大，你们的工作负担真的很重，以后我一定会抽出时间陪天宇度过最关键的高中生涯，一定配合好学校的工作。"

过了几天，我接到了江妈妈的电话，电话那头，她高兴地告诉我，天宇主动开口和她说话了，因为自己现在每晚都会来到学校门口陪他一起回家。我建议江妈妈趁热打铁把工作做得再细致一些，比如，周末的时候陪天宇一起制定学习计划，陪他出去转转、减减压，听听他的心里话，逐渐转移他对网络的依赖等。经过一段时间的努力，江天宇与家长之间的关系渐渐恢复正常，而他的家长则商定每天保证有一个人在家陪着他，周末尽量谢绝应酬。功夫不负有心人，在以后的时间里，江天宇在学习上的劲头越来越足，并且向我和家人立了军令状：期末考试一定让自己觉得不后悔！

江天宇的转变让我愈发感受到充分动员家长配合教育的威力。我逐渐把家长参与到学校教育中的活动常态化。比如根据家长的职业特点，请他们开设一些相关的讲座，扩展学生的视野；考试时，邀请家长参与监考；集体活动时，家长们自发组成班级亲友团；还有几位家长出资在班级设立了"孝廉奖学金"，专门奖励那些品学兼优的学生。

请家长也当一回班主任，越来越成为我班家校沟通的新桥梁。

晒一晒幸福的"账单"

"唉！整天累死累活，供他吃穿，供他上学，我还没讲他两句，他就从家里跑出去了，到现在还没回来。"接到小宇家长的"求援电话"，我的心头一沉，类似的现象已经出现过多次。小宇学习很用功，在学校也很尊重老师，怎么就是和他的父母搞不好关系呢？带着这样的疑问，在协助家长找到小宇之后，我与小宇进行了一次深刻的谈话。从这次谈话中我了解到，小宇的父母都是工人，文化程度不高，加之平时工作很忙，与小宇的沟通也不够，即使谈心，谈得最多的也还是小宇的学习成绩，说多了，小宇便很反感。而像小宇这样的情况，班级里也很普遍。学生听不进去家长的话，甚至很反感，这对于家校合力共同开展好教育是一个不小的挑战。

怎么让学生听得进去家长的话呢？关键得想办法让他们可以真正地理解自己的家长，懂得有时候家长的话虽然很"烦"，但实际上是出于对自己的关心和担心，是苦口的良药。

周一班会课上，我把一份制作好的"账单"发给学生，账单分为"过去篇""现在篇""将来篇"。"过去篇"由学生和家长共同完成，主要内容就是概括一下从出世到现在，父母在孩子身上的物质和精神支出。物质支出包括吃、穿、用、教育、娱乐费用，这些费用通过和父母共同回忆列出一个大致的数字；精神支

162

出则是父母花在孩子身上的时间和投入的精力，分别用非常巨大、巨大、很大等级别代替。"现在篇"则由我牵头，请班委会协助，并确定在两周后的主题班会上展示，内容暂且保密。"将来篇"则主要是学生自己未来可能还需要父母投入的物质财富数目，以及自己的规划和安排。"未来篇"设计好之后，要在期末的家长会上和自己的家长"见面"。

两周时间很快就过了，布置给学生们的"账单"也大致收齐，主题班会如期召开。班会课首先在《感恩的心》的背景音乐中，展示了一组我用手机拍下的家长给学生送饭、接送学生的镜头。当这一幕幕画面定格之后，主持的同学问："班级里每天由家长接送和送饭的同学请举手。"差不多有一半的同学举起了手。"那能不能说一说最经常送的饭菜有哪些呢？"在主持人的鼓励下，很多同学都列举了一些。"那都是你们爱吃的吗？""是！"同学们异口同声地回答。在这之后，主持人展示了一组由班级几位同学提供的数据，这几位同学也都是家长送饭，数据中既有他们父母的工作与收入情况，同时也列举了一周来自己每晚饭菜的品种和估算的市场价格。数据展示完之后，主持人问："晚饭如此，中午和早晨呢？"主持人的发问让全班同学都低下了头，很多女生的眼中甚至噙满了泪水。"下面，有请一位志愿者在全班同学面前晒一晒自己'过去篇'的账单。"晒账单的这位同学来自农村，但是父母为了让他接受更好的教育，从乡村搬到镇上，从镇上搬到市里，每年仅租金就是一笔不小的开销。而他父母的收入主要以帮人打零工为主，前些年一年的收入不过两万多一点，这些年有所增加。但是从他上小学至今，家里几乎没有积蓄，父母的收入除了日常开销外，几乎全投在他的身上。他的爸爸在与他一起完成这个账单的时候，对他说，父母亲已经好几年没买过一件新衣服了。其实他的爸爸有着一门很好的瓦工手艺，之所以没有出去打工，是因为想给他一个完整的家。说到这儿的时候，那位同学几乎哽咽着说："我现在最大的心愿就是用自己的实际行动让父母在未来的账单中可以少付出一点！"这时全班响起了热烈的掌声。在同学们的情绪稳定之后，我说："父母对我们的投入是不计回报的，养育我们也是他们的责任，但是我们要对得起这份养育之恩。从班级同学们的账单中我可以得出这样一个结论，那就是你们的花费几乎是家庭支出中最主要的一部分，你们要花得问心无愧！你们的账单请一定要珍藏好，因为这不仅仅是一串冰冷的数字，更是父母亲含辛茹苦的见证！我们一定要让自己的父母看到这些沉甸甸的账单时，脸上可以露出灿烂的笑容！未来还很遥远，我们不妨就从现在做起，从现在开始，你可以简单地记一下你对父母嘘寒问暖了多少次，你与父母顶撞了几次，你用零花钱为父母买了什么礼物，父母亲为你送了多少次晚饭，接送了你多少次，或者父母有多少次等你晚自习回家才开始休息等等，可以记在班级周记上，每周都可以给我看一看，也可以给自己的父母看一看。"

一周、两周、一个月……时间在不断地流逝，很多学生在周记上渐渐地不再是抱怨父母对自己的管束，而是开始尝试从父母的角度审视自己的所作所为；渐渐地不再是抱怨家里的菜自己不喜欢吃，而是越来越多地想办法积攒一点零花钱在父母生日的时候给他们一个惊喜；渐渐地不再是抱怨学习有多累，而是更多地想去尽力而为……

期末家长会上，我以"晒一晒幸福的账单"为主题，向前来参加家长会的家长们分发了孩子们自己草拟的未来的账单，很多家长看完之后非常感动。因为在孩子们或许还很天真的规划中，他们已经把回报父母、减轻家庭负担作为自己奋斗的目标之一。小宇的父亲在家长会后，给我发了一条很长的短信，在短信中，小宇的父亲激动地说："王老师，小宇在账单中列出了一条支出项目，那就是他考上大学后，每周至少和我通一次电话，每次至少十分钟。您的幸福账单，真的让小宇长大了！谢谢您！"

"谁言寸草心，报得三春晖。"高中阶段的学生对自己父母的爱是真诚的，同时也是复杂的。只要我们因势利导，多想办法，就一定能够在日常的德育工作中，取得意想不到的效果。

表 5.1　幸福的账单之"过去篇"

阶　段	父母辛勤的汗水		父母一起寻找记忆深处最能拨动心弦的往事
	这些年父母提供给我的物质保障（吃、穿、用、教育、娱乐等）	这些年父母对我的爱与呵护（大、很大、巨大、非常巨大）	
小小小的我（0—3 岁）			
小小的我（3—7 岁）			
小学的我（小学）			
不断长大的我（初中）			
认为已经长大的我（从高中入学到现在）			
我们的"收入"是不是沉甸甸的?!			

表 5.2　幸福的账单之"现在篇"

让我们一起品尝"妈妈的味道"

每天下午放学，都有很多家长来给大家送晚饭，这些装在不同盛具里的美食，是父母为正在奋斗的我们精心装备的！你品尝出来了吗?

时间	食材及价格	准备及烹饪的时间	每天来回送饭的时间	交通工具
周一				
周二				
周三				
周四				
周五				

任务 1：让我们用心去品尝"妈妈的味道"！可能的话，你也可以利用周末尝试着做一些，请父母品尝一下。

任务 2：让我们看一看、摸一摸父母的双手！

任务 3：经常对父母说"您辛苦了"！

让我们珍惜和父母一起为理想而奋斗的每一个日日夜夜！

表 5.3　幸福的账单之"将来篇"

未来我要成为这样一个人

未来掌握在你的手里。相信在父母、家人、学校、社会的支持与帮助下，经过你的努力，你一定会实现自己的人生理想。这时候，也是你回报父母、家人，承担起家国责任的时候了！你准备怎么做?

支出目标 1	支出目标 2	支出目标 3	支出目标 4	支出目标 5	支出目标 6	支出目标 7	支出目标 8	支出目标 9

做一个为家人、社会和家园传输正能量的人，真的很幸福！

特别的签名

元旦到来之际，我一如既往地收到一张贺卡。贺卡上面的留言是："老师，祝您新年好！注意身体！谢谢您！"这几个字我实在是太熟悉了，因为它和我的笔迹几乎一模一样。

看到这张贺卡，我的脑海中不知不觉浮现出一幅幅清晰的画面。

场景一

"同学们，下周要把致家长的一封信后面的回执交上来，家长一定要签名。"当我布置完这件事情以后，我明显地看到小伟把头低了下去。小伟来自农村，不知道什么原因，从入学到现在已经开了三次家长会了，但是我一次也没有看到他家长的身影。

回执交上来了，我随手翻了翻，结果被小伟家长的签名给吸引了。签名是用黑色签字笔写的，每个字的笔画都像一条直线，好像是刻意描上去的，但是这些又不是小伟的笔迹。出于好奇，我请小伟过来了解一下情况。一开始，小伟抿着嘴就是不说话，当时我就急了："你再不说话，我就认为你是找别人代签的，这明显不是成人的笔迹！"看到我生气了，小伟的眼泪开始在眼眶打转，手也在衣角上不断地揉搓，我突然发现，他的手开着很大的裂口，而且衣角也有着大团的黑色，很显然，这件衣服已经穿了很长时间了。看到小伟激动的神情，我马上抽出纸巾帮他擦拭了眼角的泪水，拍着他的肩膀，示意他先回班级。看着这个瘦削的背影在我眼前消失以后，我对小伟更加好奇了。

小伟的家庭登记表上父亲和母亲一栏都填了，家里还有奶奶和妹妹，从这上面看不出有什么异样。但是为什么，一问到家长签名，小伟就那么激动呢？是不是有什么隐情？为了一探究竟，我联系了小伟以前的初中学校，从他初中班主任那里得知，原来小伟的母亲因为一场交通事故导致视力受损，几乎看不见东西，而他的父亲又在外打工。尤其当他的初中班主任告诉我，其实这些签名，可能是小伟先用铅笔在纸上描好，然后再让还不会写字的妹妹用签字笔描上的时候，我的眼泪差点流了下来。我太马虎了，这么长时间，我竟然没有去主动关心一下小伟，更没有想着去了解一下小伟家长一直没有来参加家长会的原因。

场景二

小伟的这次签名被我复印了下来，压在了我办公桌的玻璃板下。回到家以后，我让爱人抽时间上街按照小伟的身高买了一件新的外套，并把标牌拆了下来。晚自习后，我来到小伟的寝室，当我把新买的衣服递给他时，他明显地战栗了一下，他有些不知所措。看到他紧张的样子，我对他说："这件衣服是我以前买的，现在长胖了，穿不上了，送给你穿，不然放在家里浪费了也可惜。你现在就换上，旧衣服我带回家帮你洗一洗。"我边说，边让小伟把新衣服换上，看看是否合身。虽然小伟一再坚持旧衣服自己洗，但是我还是把旧衣服带回了家。当我准备把衣服放进洗衣机的时候，我突然看到，衣服里子有很多粗大且不整齐的缝线，这明显是衣服穿的时间长了，里子有些地方裂了，而小伟是个男孩，又不会缝衣服，所以才会缝成这样。穷人家的孩子早当家。苦难对于一个孩子来说，既是磨炼也是一笔难得的财富。

场景三

周五，我给全班同学布置了一项任务：模仿家长的签名。同学们听到我这个任务以后，都大笑起来，有的学生还举着手问我："老师，您是不是准备在下一次致家长的一封信发下来以后，让我们直接代替家长签字啊？"看到同学们嘻嘻哈哈的样子，我板着脸，丢下一句话："必须模仿得一模一样！"

周一早上，孩子们模仿的签名都收上来了，我用手机一一拍照，并制成了一张名为"特殊的签名"的PPT。班会课上，我用PPT把孩子们模仿的签名一一展示了以后，问了他们几个问题："觉得自己家长的签名比较好看的请举手。""觉得家长的签名不如自己的请举手。"两个问题，举手的学生都只有不到三分之一。"那你们知道为什么家长的签名没你们的好看吗？"家长读书少，家长不怎么写字等等，同学们又七嘴八舌地在底下起着哄。"错了！是因为你们！"看着同学们惊愕的眼神，我接着说，"在这个班级里，有百分之七十的家长是初中及以下文化水平，有一半以上的家长常年在外务工，他们哪有多少写字的机会啊！你们在初中的时候，字写得好看吗？我知道你们可能很看不起自己的父母，觉得没你们懂得多，但是，你们的今天是谁在支撑着？在我一连串的发问中，学生们纷纷低下了头。下面再布置一个任务给你们，请你们用最认真的态度、最美观的书写和最整洁的纸张给自己的父母写一封信，向他们报告这一阶段你们的学习、生活等情况，这封信将在下一次的家长会上，请你们的家长现场拆阅。你们能不能做到？""能！"同学们大声地回答着。

我特地留意了小伟写的信，纸张虽然是从笔记本上裁下来的，但是却方方正正，小伟在信中写了这样一段话："亲爱的爸爸妈妈，我知道你们很想参加我的家长会，但是你们却来不了，我不怪你们。你们已经为这个家付出太多太多了，妈妈如果不是为了省几块钱的路费，也不会在马路上被车子撞到，爸爸也不用这么辛苦跑到外面去打工。我会加倍努力的，请相信您的儿子！……"我是在泪眼婆娑中读完这封信的。

家长会，小伟的家长依然没有来，但是，小伟的座位却没有空。这以后的家长会，我都会安排小伟自己来参加，我对他说："你已经是男子汉了，可以代表你的家长！老师相信你！"

小伟上大学以后，每到节日都会给我寄来贺卡，每张都是模仿我的笔迹。我知道，他是在感激我。因为他曾问过我："老师，您之前布置的模仿家长笔迹的任务，我能改成模仿您的笔迹给您写信吗？"

第六篇　心理问题的有效对策

　　为党育人，包括育德、育心。苏霍姆林斯基曾说过："要关心儿童的生活和健康，关心他们的利益和幸福，关心他们的精神生活。"在学生成长的过程中，我们既要关注他们的身体健康，更要关注他们的心灵成长。

　　增强班主任的心理素质是新时代对育人者，尤其是班主任的更高要求。新时代的教师不仅仅是"教书匠"，更是在教育过程中造就有创新精神和实践能力的人才的探索者与开拓者。作为一个施教于人的教师，心理素质的优劣，直接关系到他能否胜任各种复杂的教育教学工作，能否适应各种新的情况。

"伙伴计划"——让我们和嫉妒说再见

晓燕是一位非常刻苦的学生，学习成绩也很优秀。但是在每次调整座位的时候，大家都不愿意和她坐在一起。一开始，我认为是她和那些学生的性格不合，便安排了一位性格随和的男生和她同桌。但是过了一段时间，那位男生跑来和我说："老师，您还是把我调走吧。"我问他为什么，他说："晓燕经常翻我的复习资料，如果这本资料她没有，她便会用各种借口借去，但是她自己又不用这些资料。做模拟题时，如果我错的题比她少，她就会对我有一种明显的敌意。而且她很敏感，我感觉和她坐在一起很有压力。"

听了这位男生的叙述，我决定找晓燕好好谈谈。一天晚自习，我把晓燕叫到了办公室。在简短地询问了她的学习情况之后，我对晓燕说："老师感觉你的性格很开朗，为什么在处理同桌关系时，却不尽如人意呢?"一听到我问的问题，她的眼泪就下来了，过了一会儿，她对我说："老师，我知道问题的症结在哪儿，就是因为我太争强好胜了，有时候不能容忍别人比自己强，哪怕就那么一点点。他们背地里都说我嫉妒心特别强。老师，其实我也不想这样，但是忍不住。"说完晓燕把头深深地低了下去。"那你还记得大概从什么时候开始有这种心理状态的吗?"我为了缓和气氛,试探着问她。"我也记不清了,可能很早吧,记得我小时候,就曾经把姐姐种的葡萄树给挖断过,当时我就特别不希望她的葡萄长大。""为什么要这么做呢?那是你姐姐种的啊。"晓燕沉默了好一会儿,最终还是开口了:"因为在我家我是老三,上面还有两个姐姐,我妈他们特别想要一个男孩,但是愿望最终还是落空了,所以从小对我就特别不好,我基本上穿的都是我姐姐们留下来的旧衣服,用的也都是她们不要的旧东西。我还听别人说,妈妈在我刚生下来的时候准备把我送人。"说完这句话,晓燕紧紧地咬了一下嘴唇。"所以我打小就不怎么和爸妈亲,而且我做什么事都想着要做到最好,所以学习一直都特别好,我就想早点考上大学,离开这个家。"听完晓燕的叙述后,我决定去她家看看。晓燕的父母是老实巴交的农民,没什么文化,的确有一些重男轻女的思想,平时也没有时间和晓燕交流沟通,当然他们也不知道怎样与晓燕沟通。由于家庭经济状况不好,他们对晓燕一直比较抠门,但是言谈中,他们一直以晓燕为傲,毕竟在这个村子里,晓燕是为数不多的考上这所学校的学生。我告诉晓燕的父母要尽量多关注她,哪怕就是一两句话的问候,因为有些时候,家庭的温情是别人替代不了的。

我把家访的情况向晓燕做了反馈,在征得晓燕同意后,我针对晓燕所存在的"嫉妒"心理这一问题,召开了一次主题班会课,主题就叫"今天,让我们和嫉妒说再见"。课前我给每位同学发了一份问卷,内容主要有:你有没有因为自己在成绩、荣誉或家境等方面不如别人而产生过羞愧、愤怒、怨恨等情绪?这种情绪会经常出现吗?有这种情绪你苦恼吗?你释放这种情绪的办法是什么?能不能谈谈解决这种情绪的办法或措施?问卷收上来以后,我发现几乎每位同学都有这样的苦恼,尤其是伴随着学业的紧张和考试次数的增加，这种情绪出现的次数越来越多，而且学习成绩越好的学生在这方面的表现越明显。很多同学也坦言，只要竞争存在，这种心态也就在所难免，但是他们非常渴望从这些不良的情绪中摆脱出来。掌握了相关资料后，在主题班会课上，我用粉笔在黑板上写下了这样两行话：竞争←合作→快乐；竞争←嫉妒→痛苦。我首先问他们，竞争可以避免吗？学生们回答说不可能。那是不是就意味着我们没有办法去根治"嫉妒"这个顽疾呢？学生们沉默不语。"要想根治这个顽疾，我们有一个很好的办法——合作。你们之所以担心别人超越你们，最主要的原因还不是因为你们对自己没有信心吗？众人拾柴火焰高，学习也是如此，大家相互取长补短，互相帮助，就能一起提高。我们要学会在合作中竞争，在合作中共同进步！从今天开始，我们班开始实施一项互助学习计划——'伙伴计划'。"

"伙伴计划"的主要内容是，同学们以自愿的方式组成学习伙伴，选择学习伙伴尽量考虑学科的互补，同时每位参加的同学必须要保证自己尽可能地去帮助其他的学习伙伴，每组"学习伙伴"为三人，推选其中一位同学为组长，以上次月考的成绩为基准，确定一个合理的提升目标，可以是整体名次的提升，也可以是具体学科的进步，三位同学在具体的提升目标确定后，每天都要根据目标规划具体的小目标，并且互相督促，互相鼓励。按时完成每天任务的"学习伙伴"，在班级的"伙伴计划"园地里，贴上一面红旗。下次月考，只有三位同学的目标都达到，才能算合格，连续两次都不能完成目标的"学习伙伴"则要解散，进步明显的"学习伙伴"则隆重表彰。由于"学习伙伴"是由学生们自愿组成的，而且座位也安排在一起，学生们的参与热情很高，在我的主持下，班级的"学习伙伴"很快组建完成。我特地动员两位很热心但是成绩不如晓燕的同学与晓燕一起组成"学习伙伴"，并且让晓燕担任组长。经过一段时间的运行，我发现晓燕的学习情绪稳定了很多，在这两位同学的带动下，晓燕参与小组内活动的积极性明显提高。其间，更有一件事情让我看到了晓燕在这次活动中的转变。一次，班级同学在处理数学作业时，碰到了一道非常棘手的题目，班内几位数学高手也束手无策，这时晓燕主动站了出来，走到讲台上，把自己对这题的解题过程板书了出来，成功地帮助全班同学解决了这个拦路虎。我及时在全班同学面前表扬了晓燕，在我表扬晓燕的时候，班内响起了热烈的掌声，我看到晓燕又一次流下了眼泪。

随着"伙伴计划"的推行，晓燕在这个集体中与其他同学的关系逐渐融洽起来。在"伙伴计划"的带动下，班级的学习氛围也更加浓厚，合作意识明显提升。在总结这一阶段的"伙伴计划"时，我以"'伙伴计划'——让我们和嫉妒说再见！"为主题，请包括晓燕在内的几位同学一起分享了自己心路历程的变化，其中，大家感受最深刻的就是在竞争中嫉妒的情绪逐渐被伙伴的力量和合作的乐趣所取代！

特殊的 "家庭考场"

"王老师，小雯今天不愿去参加考试，怎么劝也没用。"接到小雯母亲的电话，我的心骤然一紧，这一段时间以来的担心终于变成了现实。

进入高三以来，随着考试次数的增加，我明显感觉到很多学生在成绩的起起伏伏中越来越紧张，越来越不自信。小雯的表现尤其明显，经常在拿到成绩之后，独自一个人躲到校园的角落里抽泣。怎么办呢？还是去小雯家把情况了解清楚吧。

晚上，我装作平常家访的样子，先和小雯的父母做了简短的沟通和交流，看得出来，他们对小雯的缺考一筹莫展。为了能进一步了解小雯的情况，我请小雯的父母暂时回避。看着低头不语的小雯，我说："老师知道你心里很难过，担心自己的成绩会滑坡，所以这次你选择了逃避，老师能够理解。可是你知道吗？以后类似的考试还有很多，我们能够每次都选择这种逃避方式吗？"小雯抬起了头，眼泪马上就下来了："老师，我知道这样做不对，但是我现在真的有点害怕考试。上一次考试前，我做了充分的复习准备，但是名次却退步了，我担心这次还会出现这种情况。"

小雯的担心，很多学生都有，他们对于考试的目的和作用没有搞清楚。要缓解她的心理压力，首先得把这个问题和她谈明白。我对小雯说："有考试就有排名，就会出现名次的起伏和波动，这是避免不了的。但是考试不仅仅是为了排列名次，考试更主要是为了检测你们学习过程中出现的问题，是为了找出自己的不足，是为了检验自己这一阶段学习的效果，是为了帮助自己在下一阶段中更好地努力和改进。你在上次考试结束后，名次虽然有波动，但是在我看来你进步了！"听我这么一说，小雯瞪大了眼睛。我笑了笑："你可能也不相信，那我分析给你听。咱们首先得弄清楚什么是进步。进步表面上看是名次的进步，其实不完全对，真正的进步是，你有没有通过检测发现自己的问题并逐步解决这些问题，有没有通过检测来检验自己学习中的得失成败，包括自己的学习习惯、学习方法、学习时间的安排等，有没有逐渐锤炼出自己的学习意志和学习品质，有没有提高自己驾驭考试的能力。通过这一段时间的观察，老师发现你能更科学地安排学习时间了，以前你晚上喜欢'开夜车'，导致上课时精力不济，在上次考试后，你发现自己的许多错误就是上课听讲效率不高导致的，于是你便逐步改善自己的作息时间，这算不算进步？"

小雯点点头。"上次测试之后，我发现你每天晚自习前都会用自己的理解去构建文综相关学科的知识结构，这还不是因为上次检测，在综合题上你失分较多，老师给你提了这样的建议，而你已经在认真实施了，这难道不是进步？""嗯！"小雯又重重地点了点头。"当然，你还有很大的进步空间，比如你的心态，离进步的距离还比较大，不过没有关系，老师会帮助你的。"我拿出这次的考试试题，对小雯说："你没有去学校的考场，那我现在就在你的家里单独为你设置一个特殊的考场，这个考场里只有你一个考生，监考的老师由你的父母担任，每场考试时间与学校一样，考完后你把试卷用档案袋密封后带给我就行，考试成绩与在学校考试一样有效，你看行不行?""行!"小雯的情绪好了很多。"那我们就利用这两天的周末时间来考试吧。"在我的安排下，小雯的父母陪伴小雯在家里进行了一次补考。

心病还需慢慢医，小雯在这次特殊的考试后，卸下了一些心理包袱，但是对于自己依然不够自信。我决定下次检测时依然采取这种办法，不过是采取同步检测的方式，由小雯的父亲，在考试开始后，把试卷带回家，让小雯按规定的时间独立完成，再马上送回学校。对于这个办法，小雯和她的父母都表示赞成。在经历了数次特殊的考试之后，小雯对待名次的态度逐渐理性，也可以勇敢地面对自己成绩的波动了，渐渐地，她想得更多的是如何解决出现的问题。当她再次坐回学校的考场中时，我留给她一张字条:"你终于又取得了一次重大的进步，因为你敢于挑战自己了! 祝你成功!"这次考试，小雯的成绩稳中有升。

小雯的事件让我感受到，在激烈的学习竞争中，很多学生面临着同样的心理纠结，当我们还没有找到更好的解决办法的时候，不妨来一个迂回战法，给他们调整的空间和适时的心灵鼓励，在调整的过程中逐渐帮助他们恢复自信，强化他们的心理素质。从这之后，我们班级就有了一个"家庭考场"制度，对于在考试中频繁出现"惧考""厌考"现象的同学，或由他们自己提出申请，或由班主任积极主动地干预和安排，只要家长能够积极主动地配合，并且学生保证是在独立诚信的环境下按规定时间完成的考试，其考试成绩均有效。"家庭考场"就像一碗"心灵药汤"，滋养着一些有着类似心理问题的同学，让他们逐渐可以恢复挑战的勇气。而一些原本不理解甚至对出现这种现象的学生横加指责的家长，也逐渐认识到心理干预的重要性，积极主动地配合学校，想办法缓解自己孩子的心理压力。

沉到草根处，走向最边缘

——我们如何关注班级的"边缘学生"

"你没有在听，对不对？我觉得你几乎从没有聆听过我讲话。你每周都只会问同样的问题：你的工作如何？你有没有负面想法？我只有负面的想法，但你从来不听。不管怎样，我想说，在我的一生中，我不知道自己甚至有没有真正存在过。但现在我知道自己的存在了，而且人们也开始注意到我的存在了。"

——电影《小丑》台词

在我们的教育生涯中，经常会出现这样一些学生，他们对班级事务和学习活动兴趣不大，对集体活动漠不关心，在老师和同学们的心目中，他们就像是一位路人。根据诺依曼"沉默的螺旋"理论，处于"劣势"的一些学生会因为环境的压力而逐渐走向"沉默"。在我们的班级里，或多或少都有这样的学生。

面对他们，我们应该如何走进他们的心灵深处，聆听他们的心声呢？

在现实的升学压力面前，很多学校将班主任的教学成绩与职称、奖励等直接挂钩，这必然会导致班主任"育人"观念的偏移。

小薇来自单亲家庭，小时候一直在乡下的爷爷奶奶家里长大，直到上高中时才来到城里。农村中小学的英语教学环境相对较差，所以她的英语基础比较薄弱。班级开展的英语演讲比赛、作文比赛等，基本上都看不到她的身影。她其他科目的学习因为基础不扎实等，也显得很吃力，成绩长期在班级处于垫底位置，这更加加剧了她的自卑情绪，原来的班主任在对她关注了一段时间以后，也渐渐地采取了听之任之的态度。文理分科之后，小薇来到了我的班级。一开始，我只是觉得她比较内向，话不多。直到一次远足的时候，我发现自始至终，小薇都是一个人，这与其他三三两两说说笑笑的学生形成了鲜明的对比。小薇很不合群吗？带着这个疑问，我把班长喊了过来。"她哪里都好，就是好像自己不是我们班的学生一样，这次要不是我劝了她好几次，她都准备不参加这次远足活动。"班长小声地向我汇报着。

都已经到这个班级快两个月了，为什么小薇还是没有融入这个集体呢？

我决定正面和小薇谈一下。小薇来到办公室的时候，头一直是低着的，我无论问什么，她都沉默以对。眼看着谈话陷入了僵局，我决定转移话题，和她谈起了我在农村的生活和求学经历，讲到了自己曾经因为学习不理想，显得很苦闷的心路历程……我发现，小薇的头慢慢抬了起来。我知道，我的叙述，引起了她的共鸣。同时，我也找到了小薇一直让自己游离在这个集体边缘的原因。

小薇把自己当作班级的"边缘人"，主因还是学习上的困难，以及由此带来的自卑情绪，加上长期不被老师关注，进而对这个集体产生了明显的隔阂。

我决定从提升她的学习自信心开始着手。小薇的学习基础比较弱，要提振她的学习信心，首先要让她在学习中收获到成就感。

小薇的学习主动性还是有的，但是知识欠账较多，所以我决定在她的身边安排两位学习基础比较扎实，也比较热心的学生。小马和小蓉是比较合适的人选。小马活泼而且热心，各科成绩比较均衡；小蓉细心，性格随和，为人善良。在调整座位之前，我与小马和小蓉谈了一下，他们都理解和支持我的想法。

在座位安排上，小薇安排在三个人的最左边，小马居中，小蓉在最右边。这样以小马为学习核心，以小蓉为生活和心理关注的特殊小组就形成了。

为了进一步提高这个独特的小组的学习积极性、主动性，我对三位同学进行了明确的分工，并制定了考核与激励标准，小马、小蓉轮流负责检查小薇的英语单词听写及作业的完成情况，并解答小薇的疑问。

我以一个月为一个阶段，对三个人的学习进步或退步情况，以及上课状态、团体活动等几个维度进行评价，评价既考虑三位同学的整体状况，也考察每个人的发展变化情况。采取小组和个人评价相结合的形式，既可以发挥小马和小蓉的积极性，也有利于细致体现小薇的点滴进步，让她在集体互助中逐渐增强学习的信心。

运行了一个月时间，在小马和小蓉的主动带动和感染下，小薇的情况有了一定的改观，英语听写进步最快，参与班级集体活动的意愿也强烈了不少。我决定进行一次小小的奖励。我给小薇、小马、小蓉每个人发了一张愿望卡。每个人可以在愿望卡上填上自己的小心愿，只要是合理的，我都兑现。

小薇在心愿卡上写下的是，希望看一张班主任小时候的照片。小马的心愿是担任一个月的历史课代表。小蓉的心愿是老师安排她出一期班级的黑板报。这样的心愿我当然会立即兑现。小薇想要看一眼的照片，我精心挑选了几张小学和初中时拍的毕业照送给她。小马和小蓉的小心愿也都如愿以偿。

小杰一上高中就分在我的班级，开学之初，他的父母就告诉我，这孩子能正常上课就好，请老师不要对他提过高的要求。这还是我第一次碰到家长说对自己的孩子不要要求太高的。难道家长这么佛系？我怀着极强的好奇心，与小杰进行了一次一对一的交流。

刚看到小杰的时候，我觉得他和别的学生没有什么区别，他甚至还表现出了对未来高中生活的强烈憧憬。但是期中考试刚过，小杰便开始频繁地请假或者干脆旷课。原因很简单，考试成绩不理想，不想来学校了，担心别人嘲笑自己。

我拨通了小杰父亲的电话，在与他的沟通中，小杰父亲坦言："小杰从小到大，爷爷奶奶、外公外婆四位老人轮流照顾，什么愿望，四位老人都会想办法满足，过分的溺爱和不放手，让小杰在面对困难时，不是自己想办法去克服，而是求助于家长，或者干脆逃避。在初中的时候，因为老师的批评，小杰经常出现不愿上学的情绪，对班级和老师也很抵触，班主任最后也没办法，只好随他。其实，我们也是恨铁不成钢啊！以前出现逃课情况，我们也强制要求他去学校，但是没什么作用，现在也只好依他了。"

小杰的情况，是由于孩子们成长在家长们的羽翼下，缺乏迎接挫折的准备和能力，加上家长、学校等在教育上没有及时采取有效的引导，孩子的现实与家长的理想差距越来越远，导致学生对自己的失望情绪越来越严重，进而形成了严重的逃避心理。

要让小杰从逃避心理中摆脱出来，首要的是，让他认同这个集体，找到自己在这个集体里的价值。而激发学生对集体认同度的最好办法，就是让他感受到集体对他的赏识或者让他明白自己对集体存在的价值和意义。"集体的教育力量始于每个个别的人所具有的力量，始于每个人所具有的怎样的精神财富，始于他给集体带来了什么，他给了别人什么，人们从他那里得到了什么。"

期中考试后，班级中分数至上的风气在弥漫，重新塑造班级文化的主基调势在必行。我决定动员小杰和部分同学一起，先从设计班旗和创作班歌开始。

小杰的电脑水平比较高，班旗的初步设计便交给了他，可能是第一次被集体委以如此重任，小杰显得特别兴奋，也特别投入。很快他便将自己设计的班旗图案草案及创意拿了出来。班旗上的主体图案是一条曲曲折折的小河，这既象征着流经校园的陆家河，同时也寓意着一条纽带将 50 位同学从不同的地方汇聚到美丽的一中。在图案的上半部分，还配以一轮朝阳，这象征着班级学生蓬勃向上的精神面貌。而图案的下半部分，则是一双双托举的双手，寓意着家长、老师对同学们的支持、鼓励与帮助。

小杰的设计得到了大多数学生的赞成。这让小杰的情绪高昂了很长一段时间。但是这不是让小杰摆脱逃避心理的有效方式，要想让小杰提高承受压力和挫折的能力，就要让他明白只有"输得起"才能"经常赢"。看来对他加强系列的逆商教育和进行心理交流，是当务之急。

经过我的了解，小杰第一次出现不愿意去学校上课的情况时，爷爷奶奶就依了他，而爸爸妈妈也没有重视，并没有详细了解小杰不愿意去学校的背后原因。久而久之，小杰便出现了在学校稍不如意就要回家的情况。

一天早上，我单独把一个笔记本送给了小杰，告诉他，这是一本成长日记，你可以把自己想对老师说的话写在里面，一周交给我一次。

一开始，小杰只是把"成长日记"当作任务，里面只是敷衍地写下了一些学习安排、未来的理想之类的内容。我知道，这是因为小杰还没有真正向我敞开心扉。要想打开他的心扉，就必须能够与他在情感上形成共鸣。

每一次收到小杰的"成长日记"，我都会认真地批阅，并写下我的想法。通过一个月左右的悉心沟通，"成长日记"的篇幅在不断增加，小杰渐渐地向我敞开了心扉，也尝试着向我询问一些自己的困惑。而我对他的了解也越来越深刻、越来越全面。

小杰的父母都是生意人，家庭条件优渥，但是陪伴他的时间不多。优越的家庭条件，让他经常会产生一种优越感。但是这种优越感，却随着他在学习中成绩的逐渐下滑而慢慢消失了。日渐失落的心理逐渐让小杰的挫折感和失败感不断加强。而自己这种苦闷的情绪，爷爷奶奶很难理解，父亲母亲又无暇去倾听。久而久之，小杰的逃避行为越来越明显了。

老师，您知道吗？每次，我躲在家里不想去学校时，我心里其实很矛盾。既想去学校，又害怕别人的嘲笑。其实，我真的是一个很要强的人，也很要面子。我是不是死要面子活受罪啊？

小杰的逃避，其实是自我的目标经常被现实无情撕碎而产生消极情绪的极端表现。

在加强与他思想沟通和交流的同时，我也在思考如何提高他学习的获得感，帮助他树立正确的成绩观。

小杰的知识面很广，但是学科基础薄弱，计算能力不强，学习计划凌乱，系统性也不够。我决定先帮助他制订好学习计划，同时，主抓薄弱学科。

我在"成长日记"中，要求小杰每天把自己已经完成的学习任务如实地记录下来，这样我就可以结合实际学习情况，给予他适当的调整和引导。同时，针对他数理基础相对薄弱，眼高手低的情况，我让数学和物理课代表，每天给他遴选一些基础性的题目让他练习，并及时帮助他解决其中的困惑。小杰的学习思维还是很活跃的，主要是缺乏毅力，我通过这种方式，以外在监督和引领的方式，帮助他逐渐树立学习的自信，并形成良好的学习习惯。

"成长日记"拉近了我和小杰的心理距离，鼓励他积极参与集体活动，能让他感受到集体的温暖；针对薄弱学科的针对性引领，有助于小杰逐渐恢复学习的信心。

班级边缘学生，在学习上，大多表现为成绩不稳定、学习情绪不稳定、学习习惯差；在心理上，表现出脆弱、敏感、消极、不合群等情绪特征；在行为上，则表现为对同学冷淡、对集体漠不关心等。

班主任在班级边缘学生的教育上，首要的是提升他们对集体活动的参与度，强化集体温暖的正向传递；其次就是加强与他们的沟通和交流，让学生感受到班主任的温暖和关心；而加强他们的学习信心，则是让他们最终摆脱边缘角色的最关键的一步，要不断引导他们注意学习方法的改进，提升他们学习的计划性，加强目标意识，重点突破薄弱学科。同时，家长的积极参与与正面支持，也是必不可少的。只有多措并举，才能真正缓解少数学生在漫长的学习经历中所积累的负面情绪，让班级不再出现"边缘生"。

老班（班主任）的负面情绪如何去调节

"张老师住院了！"办公室的同事们议论纷纷。张老师是这个年级的老班主任了，工作上一直兢兢业业，备受家长和同事们的钦佩和赞许。但是我们也经常看到张老师因为班级事务而出现巨大的情绪波动。这次张老师住院的原因就是班级学生出现斗殴问题，张老师一时急火攻心。

班主任工作在一线，经常会碰到各种各样的问题，需要解决各式各样的矛盾，情绪经常因此而波动是很正常的现象。如果班主任不学会对自己的情绪进行合理的调节，会对自己的身心造成重大的负面影响，也会严重影响班级的管理效果。

一、影响班主任情绪的因素

（一）班级教育教学成绩的压力

班主任是班级教育教学的主要指导者和责任人，班级成绩的波动会直接影响到班主任的情绪，尤其是当班级成绩或者某些学科成绩经常处于不理想状态时，班主任的压力难免会增加，进而产生焦躁情绪。或者当少数学生不思进取，学习状态不佳时，班主任恨铁不成钢的心态，也容易导致自己的心绪被打乱，进而产生不良情绪。

（二）班级管理出现严重问题

在班级管理中，当经常出现学生迟到，学生之间发生争执甚至是打架现象，学生早恋，班级卫生考核持续垫底，自习纪律混乱等班级管理问题时，班主任一方面会苦思良策，一方面也会因为这些问题的反复出现而出现不良情绪。这方面年轻班主任因为经验缺乏，表现得更为明显。

（三）家长不切实际的期盼所带来的压力

孩子的教育是家长最关心的问题，当家长的期望与孩子的现实之间存在较大差距时，有些家长可能会归咎于学校或者是班主任，甚至会出现一些对学校乃至班主任的不客观评价，家长们做出的评价大多是基于自己孩子的情况进行的判断，难免会有失偏颇。如果家长们的这种情绪不断蔓延，甚至会产生某种社会舆论，进而使班主任产生巨大的心理压力。

（四）各种非教学事务和检查评比带来的困扰

上面千条线，下面一根针。上级部门各种任务，都需要班主任协助完成，比如法治宣传、禁毒知识宣传、食品安全教育、交通安全主题活动、创建文明城市、森林防火、网络安全、禁燃禁放、扫黄打非、传染病防治等等。这些宣传教育活动确有必要，但是过多、过频，又会在无形中加重班主任和学生的负担。

（五）学校工作与家庭生活协调的问题

班主任工作的特殊性，决定了班主任工作的时间边界很模糊。班级有事，学校有事，都要第一时间响应。但是班主任们也面临着教育子女、照顾老人等问题。如何协调好学校、班级的工作与家庭生活之间的关系，成为很多班主任很头疼的问题。协调得不好，必然会给班主任带来心理上的压力。

二、舒缓班主任负面情绪的方法

班主任如何有效地减少负面情绪对自己的影响呢？我在日常的工作实践中总结出以下几种方法。

（一）学一些心理学知识

作为教育工作者，平时学习一点心理学的知识是必要的。我经常翻阅的一本心理学书籍是董文主编的由合肥工业大学出版社出版的《情绪心理学》一书，这本书从情绪心理学的研究发展和理论基础，情绪的发生、分化与社会化，情绪心理与社会生活的方方面面等角度，揭示了人的快乐与悲伤、期望与失望以及爱恋与淡漠、愤怒与恐惧、忧郁与焦虑等情感变化的奥秘。通过从心理学专业的角度去了解和认知自己情绪变化的原因，我们寻找到克服情绪波动的理论指引。除了阅读有关心理学的书籍外，我还经常去心理咨询室，与学校的心理教师交流有关心理学的问题，探讨一些心理学方面的实践案例，参与心理健康中心的一些心理学实践游戏，帮助自己调节情绪。

（二）自我情绪控制法

在班级管理中，我们经常会在一些突发事件面前情绪失控，如何避免或尽量减少这种状况的出现呢？我经常性的做法是，在处理问题之前会暗暗告诫自己，一定不要生气，如果生气了，一定不能发火。当感觉自己的情绪有点控制不住的时候，我会深深地吸一口气，让自己的情绪尽量缓和下来。这种办法会有效地克制自己的冲动，为自己用较为理智的方式处理问题提供缓冲的时间。

（三）合理的宣泄

班主任也是人，无论是工作还是生活，都会产生各种情绪，为这些情绪寻找合理的宣泄途径很有必要。因为在班级管理中出现的情绪问题，我会寻找适合的时间，与学生们谈谈心。有一次，一位学生在百度贴吧上对我的班级管理进行不合适的评价和吐槽，引起了一定的不良影响。这件事让我心里很窝火。在自我调节了一段时间以后，我以"换位思考"为主题，和同学们交流起班级管理的有关问题，我首先和同学们讲了一个故事，故事的主人公就是我。在我上初中的时候，我的班主任是一位数学老师，他比较欣赏学习成绩优秀的学生，而对于一些学习困难的学生另眼相看，我就属于被另眼相看的那一类学生。我当老师以后，一直下决心不要当这样的老师，所以，我的班级管理一直以严著称，这可能是每一位同学的共同体会。有没有哪一位同学觉得我另眼相看了你或者另眼相看了别人？我相信，你们不会有这种感觉，因为我说过，我会用一样的态度和要求对待所有同学。如果你们对班级管理有一些想法和建议，可以在班级周记里面提出来，也可以通过小纸条的形式放在班级的小信箱里，你们的意见和建议是让这个集体走得更远、走得更好的保证。我放低姿态以对话的形式与同学们沟通，起到了很好的效果，很快在帖子下面就出现了一些对班级管理的方式表示理解的帖子。

（四）合理规避矛盾焦点

班主任在处理学生问题时，往往因为操之过急，方法不当，很容易让自己站在学生的矛盾对立面，陷入班级管理的矛盾漩涡。为减少这类情况的出现，班主任可以通过"自己的事情，自己解决；主动认错，小事化无；普遍问题，专题解决"等途径，适当地学会"绕开"矛盾，避免与学生硬碰硬。这不仅不会削弱班级的管理效果，反而有助于提高学生自主管理的意识与水平，有助于班级管理层次的提升。

（五）建立完善制度，为情绪保驾护航

班主任情绪波动的诱因，很大程度上是班级管理中出现的种种问题。通过建立完善的班级管理制度，可以有效地预防这些问题的出现，进而让班主任有一个良好的情绪。班级制度建设可以从刚性制度和软性制度两个方面去着手。刚性制度主要依据《中学生日常行为规范》和学校的有关制度，制定本班级的相关规范，指导学生的日常行为，随着这些刚性制度的建立和完善，可以较好地减少班内各种状况。而软性制度则是班级文化的建设，班主任通过温馨的班级文化氛围的渲染，加强学生的集体荣誉感，营造班级温馨的氛围，帮助师生舒缓紧张的氛围。

（六）眼光放远，增强面对压力的承受度

班主任工作非常辛苦，同时也很锻炼人。班主任在处理复杂的班级事务中，不断锤炼了自己的组织与管理才能；在引导学生学习中，提升了自己的教学素养；在解决学生的矛盾中，提升了化解矛盾的水平……班主任应该把班级管理当作专业来做，制定近期、中期的发展规划，在工作实践中总结经验，形成班主任专业化的成果和个人带班的特色。

班主任工作既是宝贵的工作经历，也是教师职业生涯中难得的历练。通过不断自我调适，我们一定能够在繁重的工作环境中，保持良好的心情，取得丰硕的工作成果。

班主任如何 "秀" 出自我

新时代的学生思维活跃，信息获取渠道多元，加上家长、社会对教育的高度关注，这就要求我们的班主任要善于 "展示" 自我，用自身的知识、能力以及专业的权威树立在学生、家长心目中良好的形象，助力班级各项活动的开展。这对于踏入教坛不久的老师更为关键。

一、新时代的班主任需要 "秀" 什么

班主任是一个班级学习、管理、生活、活动等的主要组织者和领导者，我们展示给学生的形象应是全方位的。

（一）秀师者的形象

师者的形象首先表现出来的就是我们的衣着、谈吐。言传身教永远是教育的最佳路径之一。班主任与学生之间的关系最为紧密，因此我们的外在形象、言谈举止，会对学生产生潜移默化的影响。尤其是小学阶段的班主任，这一点更为明显。

自从担任班主任之后，在衣着上，我对自己的要求一直是这样一个原则：简朴、得体、整洁。简朴指的是衣着尽量以经济适用为主，不追求大的品牌。得体主要是根据职业特点，在衣着款式、颜色等方面尽量符合大众的审美标准，不着奇装异服。而勤换洗衣服则是树立良好师者形象的必然要求。在发型上，则以大

众发型为主，不染发。教师尤其是班主任因为职业特殊，在衣着上应多点书卷气，给学生树立一个知识、儒雅的形象。

而作为一名教师，在与学生、家长、同事交流时，应尽量使用普通话和文明用语。

班主任的衣着和言谈举止得体大方，直观上就给学生和家长树立起了一名人民教师的形象。

（二）秀师者的能力

教师是一个专业技术素养要求极高的职业，在日常的教育教学中，我们要用自己的专业技能树立起在学生心目中良好的"师者"形象。

要展示班主任的班级管理能力。班主任在接手一个新的班级之后，首先要尽快把班级学生的情况摸清楚，依据班情确立适合班级发展的目标。其次，要迅速地组建班干部队伍，谋划专属于班级的文化符号，包括班旗、班徽、班歌以及适当的文化标志和班级布置。同时，加强与班级家长的信息沟通。这些都有利于一个新的集体的快速运转，也有利于班主任迅速在班级树立起管理的威信。当然，班主任还要不断学习和汲取班级管理的最新知识，注意班级管理经验的总结和反思，只有这样才能不断提高自己驾驭班级的能力。

要展示班主任的教学能力。亲其师，信其道。班主任教学能力的高低，也是影响班主任在学生心目中形象的重要因素。班主任事务繁杂，这势必会影响教学上的精力投入。我在担任班主任之后，把每天的时间做了一个大致的切分，白天主要是用于处理班级事务，晚上则主要用于教学。在教学中，坚持向课堂要效益，不断优化教学流程，坚持以生为本，通过有趣、有效的课堂教学让学生喜欢自己的课堂，用扎实的教学成绩赢得家长和学生的信赖。

要展示班主任的"外交力"。班主任要与学校、科任老师、家长、学生等打交道，班主任的"外交力"就是将这些力量完全融合的必要因素。在涉及班级权益时，班主任难免要与校领导进行争取，争取的原则是"斗而不破"，既要表明立场，也要换位思考，这样会让领导更多地考虑到班级的切实需求。在与家长交流时，既要体现师者的尊严，也要展现师者的仁爱，要让家长从心理上与你站在一起，主动配合你的工作。与学生交往时，要严慈并济，既要关爱学生，也要与学生保持适当的距离，在平易近人和不怒自威中，展示自己的风采。

要展示班主任的创新能力。培育创新人才是当代教育的重要使命之一。在班级管理中，班主任要善于发现和利用班级管理中存在的问题，开展创新性的工作。许多新的做法和新的策略不仅可以提升班级管理的效果，也能够在实践中展示班主任创新的能力，提升自己在学生、家长和同行面前的威信。

要展示班主任的进取心。有人说，有什么样的班主任就有什么样的集体。班主任要在专业发展、教育教学科研上保持一种蓬勃的进取意识，积极参与课题的研究，发表关于教育教学的文章。班主任不断学习，不断思考教育教学规律，既能促进自身的专业成长，也能让学生在了解到班主任的专业水平之后，油然而生钦佩之情。

（三）秀师者的爱心

爱心是教师尤其是班主任必备的素养之一。只有具备充分的爱心，班主任才能够在未来烦琐的班级工作中保持育人初心，永葆工作热情。

面对班级的生活困难学生，班主任在关心的同时，可以提供力所能及的关怀，比如赠送学习资料、生活物品，也可以发动身边的同学、同事伸出援手，让生活的困难学生感受到来自班主任的爱心，让学生感受到班主任的师者"仁心"。

面对学习困难的学生，班主任可以经常与其谈话，对其进行学法指导等，帮助学生走出学习困境，增强学习信心。不以分取人，让班主任更容易获得学生的爱戴和拥护。

面对产生了心理问题的学生，班主任更要走进学生心灵，帮助学生不断进行心理建设与调适，走出心理阴影，鼓起战胜眼前困难的勇气。

面对学生犯错时，我们班主任更不能一罚了之。我们要详细了解学生犯错的原因，帮助他建立克服困难的决心，提高遵守班纪班规的意识，在关爱中，化解学生可能继续犯错的潜在危险，提升他们对班级的向心力。

班级事务，公平处理。很多时候，我们公平公正地处理班级事务，就是彰显班主任爱心的重要途径和方式。比如班级座位的安排，一直是学生和家长非常敏感的问题。班主任在座位安排上要"爱"字当头，公平公正，既要考虑学生的身高、视力等身体因素，也要考虑学生的性格和学习差异，让座位真正发挥促进学习、融合集体的正向功能。

二、班主任何时、何地"秀"最好

班主任的自我展示，需要掌握好时机，这样既能展示教师的魅力与风采，又不至于让学生觉得自己的老师是在故意卖弄。

（一）抓住第一次

第一次很重要。比如班主任第一次与自己的学生见面时，一定要注意自己的着装。每年开学季正好是夏末，很多班主任还习惯于暑期的生活模式，尤其是男性班主任，很多还习惯于大短裤、凉拖鞋，这些都不利于树立自己的良好形象。我们应该着装正式得体。

第一次与学生见面。与学生第一次正式见面，班主任要做好充分的准备，比如介绍学校的情况、班级教师的配置、班级未来的计划等，同时还要在最短的时间内认识全班的学生。这很容易让学生建立起对老师的亲近感。

第一次家长会。第一次家长会是班主任留给家长的第一印象。我们不仅要做好充分的准备，还要适当地布置一下家长会的现场，比如打上欢迎标语，家长会开始之前播放一些舒缓的音乐，还可以准备一些一次性纸杯，为家长准备一些热水等，班主任也可以给家长做一个简单的自我介绍。班主任质朴、简洁、干练、负责的形象，有利于让家长第一时间建立对班级和班主任的良好印象。

第一次集体活动。班级集体活动是融合班集体的一剂良药，尤其是第一次班级集体活动，班主任一定要精心组织策划，比如活动主题的设定，活动中学生的分工，活动环节的安排，活动后的总结等。

第一次处理班级问题。处理班级问题，考验着班主任的管理能力与管理智慧。班主任在第一次处理班级问题时，需要做好充分的背景调查，在充分了解事情的来龙去脉之后，再拿出解决问题的办法。公正的处理会让学生从心底里建立起对老师的信赖感。

班主任还有许多展示自我的"第一次"，比如第一次上课，第一次与家长沟通，第一次批评学生……抓住第一次，"秀"出好形象，会让班主任在家长、学生心目中的形象迅速正面、丰满、立体起来。

（二）抓住关键场合

在关键场合"秀"出自己，让家长和学生认识到班主任更为优秀的一面，至关重要。

大多数学校每学期都会进行优秀教师、班主任等荣誉表彰，并且还会在学校的微信公众号、网站等进行宣传。所以，班主任要努力提升自己，争取榜上有名，让学生感到自豪，让家长感到振奋。

在班级联欢会上，班主任可以把自己的才艺绝活亮出来，让学生看到多才多艺的你。运动场上，班主任可以一展身手，把自己体育的基因激活，与学生在操场上一起打打球，出出汗，在运动中拉近与学生们的距离。

总之，班主任展示自我的机会和场合很多，关键是把自己阳光、乐观、积极的生活态度展示出来，秀出风采。

三、班主任怎样把握"秀"的度

班主任在学生和家长面前展示自我，其目的是让家长、学生更清晰地了解自己，进而支持自己的工作。不能为了"秀"而"秀"，要把握好"秀"的度。

（一）"秀"得自然真实

班主任无论是在展示自己的专业素养，还是个人魅力的时候，都应该是自然的流露和货真价实的成果。

班主任的"秀"，是通过自己严谨扎实的工作作风呈现出来的，是通过春风化雨的点滴工作感染学生的，不能做样子，走过场，不能为了"秀"而"秀"。只有这样才能让学生和家长信服、钦佩。

（二）"秀"得温暖细腻

班主任与学生朝夕相处，我们与学生的每一次交流，我们对学生讲的每一句话，实际上都是在"秀"我们自己。"秀"是学生身体不舒服时，我们递上的一杯热水，送上的一句温暖关怀；是班级文化建设时，我们独具特色的审美建议；是学生学习受挫时，我们一语中的的分析与鼓励；是学生发生矛盾时，我们驭重就轻的处理技巧……

（三）"秀"得深刻大气

班主任在展示自我形象时，要更多地将自己的教育思想、理念传递给学生，教会学生做人、做事的道理，教会学生求真、求实的真理。

班主任还要帮助学生树立大局观。在学生的成长过程中，班主任的影响至为深远。比如学校文艺展演，需要从班级抽调部分学生时，我们要站在学校的角度，引导学生和家长支持和理解学校的决定，通过合理地协调学习与排练时间，帮助学生克服学习和活动带来的矛盾，圆满地完成学校交给的任务，既不影响自己的学习，也能为校增光添彩。

班主任"秀"出自我，不仅可以展示师者的良好形象，助力班级的管理，还可以起到不断提升自我、完善自我的效果，是班主任走向专业化的重要形式。

第七篇　班主任工作艺术的成长

　　有人说，班主任工作的最理想境界就是让我们的工作充满"艺术化"的色彩。

　　"艺术"来源于实践。在我们班主任工作的实践中，每一项班级管理措施的创新，每一个主题班会的召开，每一次班级管理思想的洗涤……无数个每一次，正在促进我们班主任工作"艺术化"的成长、成熟……

中途接班的策略

作为班主任，有时候会碰到中途接班的情况。对于大多数中途接班的班主任而言，通常会碰到这样一个问题：家长和学生会有意无意地将前后两位班主任做比较，这无形中给接班的班主任带来了压力。

如何做好中途接班这一工作呢？

一、不能先入为主，要做好调查了解

小赵老师今年接手了一个出了名的"问题"班级。为了不负众望，小赵老师走马上任之后，立即颁布了一系列"治班新政"，出台了一系列规章制度，班级管理力度也空前加大。

但是，一段时间以后，小赵老师却向我大倒苦水："这帮学生太难管了，处处跟我对着干！这到底是为什么呢？"

小赵老师的困惑，源自他先入为主地将"问题班级"的成因归咎于"问题学生"，将治理问题班级等同于治理问题学生。戴着有色眼镜看待班级学生，加之态度操之过急，最终激起了学生的抵触情绪。

我建议小赵老师先将治理班级的进度放缓，多与班级的学生沟通沟通，将班级存在问题的症结找出来，再对症下药。问题班级不代表所有的学生都是问题学生，问题班级也不一定完全是学生的原因。

　　小赵接受了我的建议，耐着性子与班级的学生进行了充分的交流，从学生反馈的情况中，我指导小赵梳理出了班级存在的几个核心的问题。

　　原先的班级之所以问题越来越严重，主要是因为"无法无天""有始无终""各自为政""军心涣散""缺乏精神"。

　　"无法无天"指的是，这个班级组建以后，一直没有一个系统的班级制度，班级出现问题，完全凭班主任主观裁断，班级问题的处理缺乏统一的标准，随意性太强，学生意见较大，班主任在班级的威信也受到很大的影响。

　　"有始无终"指的是，班级许多工作一开始搞得轰轰烈烈，但是过了一段时间之后，又偃旗息鼓，久而久之，学生对班级工作的兴趣大减，很多活动无法正常开展。

　　"各自为政"指的是，班级缺乏领头羊，班长没有魄力，在班干部中缺乏威信，班干部各自为政，配合度低，班级事务经常无人负责。

　　"军心涣散"指的是，班级学生"小团体"盛行，班级凝聚力不强，缺乏集体荣誉感，整个班级一盘散沙。

　　正是上述原因，导致班级没有"精神"，班级问题淤积，最终积重难返。

　　治理问题的症结，就是接班班主任下一步工作的方向。从问题分析来看，班级管理的漏洞是主因，而不能仅仅归咎于学生。

　　二、抓住第一次，尽快建立良好形象

　　中途更换班主任是一件非常敏感的事情，家长和学生对接班的班主任既有期待，也很担心。万事开头难，接班班主任要善于抓住第一次展示自己的机遇，在最短的时间内收获学生和家长的信任，后面的工作就会顺利许多。

接班的班主任，留给学生的第一印象非常重要。良好的形象会很快拉近自己与学生之间的距离。

第一次与学生的见面。接班班主任与学生第一次见面时，衣着上一定要简洁大方，既不能邋里邋遢，也不宜浓妆艳抹。

第一次布置工作。一定要简明扼要，条理清楚。接班后第一次布置打扫班级任务，我向全体同学强调了三个字"大、扫、除"。"大"就是彻底打扫，全班参与，劳动委员负责安排任务；"扫"指的是技术要求；"除"就是效果，班级面貌要焕然一新。这次任务既提出了标准，又明确了班干部的职责与权限，第一次大扫除效果很好。

第一次上课。亲其师，信其道。班主任一定要是教学上的行家里手，管理与教学水平都要过硬。有一年我中途接班的时候，正好赶上新教材的第一年使用，这对我而言是个挑战，为了上好第一课，我查阅资料，研读教材，参考其他教案，精心备课，第一堂课上得非常成功，赢得了学生的认同。

第一次班会课。很多班主任把班会课当作是常规任务布置课，或者是变成学生的批判会，这样的班会课，学生肯定不喜欢。接班班主任一定要组织好第一次班会课，充分发挥班会课"育人"阵地的作用。一般而言，接班后的第一次班会课一定要及时，班会课要秉持鼓励、鼓劲的原则，通过班会课的召开，把全班学生的士气鼓动起来。在第一次班会课上，班主任把班级未来的规划提出来，让学生感受到班级未来发展的方向。通过点评学生们近期的表现，学生能够感受到班主任对他们的肯定和期望。

第一次活动。刚接班后，我便面临着组织远足活动的重任，这十分考验班主任的组织能力和协调能力。为了组织好这次远足活动，我提前进行了工作布置，对班干部进行了培训，并进行了任务分解。同时带领全班同学设计了班旗、口号。在远足过程中，全班同学高擎班旗，喊着嘹亮的口号，队列整齐，士气高昂。

接班的许多"第一次"，综合体现着班主任的观察能力、教学能力、组织能力。做好第一次，会让学生更快地接受你、认可你、佩服你。

三、坚持三个"原则"，让班级更快更好发展

良好的开端为接班班主任打下了管理好班级的扎实基础。但是，要想让班级更快、更好地发展，接班班主任还需要坚持以下几个原则。

（一）情感缓冲的原则

同事赵老师刚接手了一个新的班级，学生小杨便向他提出辞去班长职务的请求。小杨之所以如此，是因为调换班主任，让他在情绪上暂时难以接受。

一部分学生与原来的班主任长期相处，并对班主任产生比较深厚的情感依赖，这是很正常的现象。

面对这种情况，接班班主任要站在理解的角度，妥善处理小杨同学的辞职请求。赵老师的做法是，允许小杨同学的请求，但是，在新任班长没有到位之前，还是请小杨同学继续承担班长的工作。

赵老师并没有因为小杨同学在自己刚接手班主任时便提出撂挑子不干而心存不满，而是站在理解与共情的角度，接受了小杨辞去班长职务的请求。同时，又没有立即停止小杨的工作，而是请他继续履行班长职责，是为了给小杨一个情感的缓冲和适

应期。

经过一段时间的相处，小杨发现赵老师工作认真负责，管理班级很有方法，班级面貌焕然一新。渐渐地小杨也不再提辞职的事情，而是非常尽心尽力地协助赵老师管理着班级事务。

接班班主任给班级学生有一个情感的缓冲期，有利于减少班级因为更换班主任而给学生带来的心理震荡。

（二）稳定与创新兼顾的原则

很多班主任在接手新的班级以后，会进行大刀阔斧的改革，甚至会将原来的班纪班规全盘推翻，这实际上并不妥当。

接任一个班级，新班主任对学生需要一个熟悉的过程。同样的，学生对新班主任也需要一个熟悉的过程。在这一过程中，班主任要暂时保持班级的稳定，要合理延续班级原有的管理制度、措施，并加以补充和完善。因为班级学生对原有的规章制度已经形成了惯性，猛然调整，学生很难一下子适应。

另外，接班班主任也不要刚接手就对原有的班干部队伍进行大幅度的调整。接班班主任对原有班干部的履职情况并不熟悉，对班内学生的特点也不了解，这时候，贸然调整班干部，不仅会影响班级管理的效率，也容易因为调整后的班干部人选不理想，影响到接任班主任的威信。

当然，接班班主任也不能完全搞"萧规曹随"这一套。在延续原有班级的管理制度和班级队伍的同时，我们也要及时对班级一些不合理的制度、不称职的班干部进行微调。在稳定的同时，逐步将自己的管理思想渗透给学生，将管理措施推行到班级中去。

（三）协作互助的原则

一个集体的发展离不开班级的科任老师和家长们的鼎力相

助。接班班主任在接手班级事务后，要与班级现在的科任老师及时沟通，一方面将自己的管理思路与想法传递给科任老师们；另一方面，也要虚心地听取科任老师关于班级发展的一些建议与意见，请他们为班级后续的建设与发展出谋划策。科任老师对班级比较熟悉，而且所站的角度也与班主任不同，他们的意见与建议可以为接班班主任建设好班级提供有益的帮助。接班班主任与科任老师的沟通，也有利于激发他们对集体的责任感和主人翁意识，能提升班主任和科任老师在班级教育教学中的合力。

很多家长对接班班主任有一种期待与怀疑并存的心态。接班班主任要及时地与家长就班级管理与发展交换意见。比较好的方式就是召开家长代表会议以及进行点对点的沟通。

家长代表会议，可以就一些具体的议题进行商讨，比如班级一些集体活动，学生手机问题、迟到问题的解决等；点对点的沟通，则可以倾向于与一些对班级管理有看法或者个性相对鲜明的家长进行沟通，可以在较为宽松、平等的氛围中与家长交换意见，求同存异，争取他们更多的理解和更大的支持。

中途接班，既是对班主任工作智慧的一次考验，也是给班主任提升自己的专业能力提供了一次契机。

班主任如何当好教师团队的"领头羊"

很多班主任经常有这样一种烦恼：与科任老师之间的关系很难协调，经常搞得彼此都不愉快。

在长期的班主任生涯中，我也有过这样的经历，因为工作原因，与科任老师之间存在分歧，甚至产生矛盾，进而影响工作的心情，影响班级教育团队教育作用的发挥。

班主任是一个班集体教育教学的主要组织者和协调者，是班级教育团队的"班长"。在教育教学实践中，班主任协调好与科任老师之间的关系，至关重要。

一、协调整合，做教育教学的"领导者"

班主任是班级管理的主要责任人，一定要具有大局观念，凡事以大局为重，与各位老师密切配合，互相支持。

但是在实际的教育教学中，我们经常会遇到这样一些情况，科任老师为了提高本学科的教学成绩，在教学中过分强调自己学科的重要性，挤占学生的课余时间。比如和我一起搭班的数学张老师，要求学生每天必须完成一张数学试卷，以至于学生很难有时间再去处理其他学科的作业，最终导致其他学科老师意见很大，整个班级的教育教学秩序受到了严重的干扰，科任老师之间的关系也产生了裂痕。

面对这种情况，我一方面与数学老师沟通，一方面从班级整体目标出发，主动担负起统筹协调整个班级的教育教学的任务。

（一）定期召开备班会议

沟通是解决问题的最好途径。每隔一段时间，我都会召集所有科任老师参加备班会。备班会上我会向科任老师通报这一阶段班级管理的情况以及学生们的一些想法和诉求。同时，也会听取各科老师的意见和建议。大家在备班会上畅所欲言，就班级的阶段性教育目标出谋划策，分享工作经验和心得体会。备班会的持续召开，有利于协调科任老师在教育教学中的步调，提高团队的教育合力。

（二）换位思考，主动服务

有些科任老师自己也担任班主任，甚至是行政干部；还有的科任老师家庭事务较多，孩子较小。在这种情况下，我坚持换位思考，主动提供诸如协助检查作业、听写，代看自习等工作。一方面，切实减轻科任老师的负担，一方面也让科任老师感受到班主任真诚的支持，提高他们对这个集体的热情。

（三）取长补短，共渡难关

有些老师，主观上很认真，但是，教育教学的效果不是很明显。这时候，班主任需要协助科任老师，分析原因，寻找对策。比如有的老师，教学中学情考虑不够，教学针对性不强，班主任可以通过召开学生代表会议的方式，引导学生提出合理建议，帮助老师改进教学策略，提升教学针对性和教学效果。

二、尊师重教，做教师形象的维护者

融洽的师生关系，可以充分发挥科任老师的教育教学功能。

（一）积极树立教师的光辉形象

我们团队中的很多老师都有着非常骄人的教育成绩、丰富的教学经验，也有许多学生所不了解的成果与荣誉。亲其师，信其道。每次新的班级组成之后，我都会专门出一期板报，板报中有各科老师的简介及其丰富的教学历程、教育教学中的闪光点等等。班主任用合适的方式，向学生宣传班级的科任老师，能够很快建立起学生对本班科任老师的崇敬之情。当学生出现可能的厚此薄彼的现象时，班主任要及时引导、教育学生尊重每一位老师。教师节到来时，组织班级学生通过给老师写一封感谢信、送一张贺卡等方式，表达对老师的感激之情。

（二）及时化解教师与学生之间的对立情绪

在教学过程中，教师与学生之间经常会因为各种原因，产生一些对立情绪。这种对立情绪，时间一长，会削弱科任老师在班级的威信，影响科任老师的教育教学效果。班主任在平时要注意倾听学生的意见，观察学生的表现，寻找问题的症结。

一方面我们要向学生客观地介绍科任老师的优点、工作的方法、教学的风格，引导学生理解老师、信任老师，把老师们对学生的关爱之情传递给学生，鼓励学生主动与老师们沟通交流，消除误解；另一方面，我们也要及时把学生们的想法、意见，反馈给科任老师，协助科任老师站在学生的视角，调整自己的教学策略。

（三）家校合力，做老师最坚强的后盾

家长对学校教育的理解和支持，是提高学校教育教学质量的重要保障。由于家长与老师处于不同的地位，扮演着不同的角色，所以看问题的角度也不同。少数家长因为对教育教学的艰巨性与复杂性缺乏科学的认识，加上对孩子的预期过高，当孩子出现学习成绩不理想的情况，或者在学校出现教育问题时，很容易迁怒于教师。

为此，我除了在班级隆重介绍宣传班级的老师，让学生口口相传外，还利用家长会等机会，向全体家长宣传科任老师的教育教学理念、教学业绩、感人的事迹等，让家长感受到班级教师团队的魅力，为有这样的教师团队而感到骄傲和自豪。

针对少数家长产生的抵触情绪，一方面我会及时与家长沟通，站在家长的角度倾听家长的诉求，与家长一起分析学生遇到的困难，寻找解决问题的办法，在与家长的共情中，让家长感受到我们对孩子的关心，缓解家长的抵触情绪；另一反面，我会把家长提出的有益的建议与意见，委婉地转达给教师。但是，当一些家长对科任老师提出一些不合理的诉求，甚至是无理取闹时，班主任要勇敢地站出来，澄清事实，维护科任老师的尊严。

三、班兴我荣，增强科任老师参与班级事务的主动性

很多时候，科任老师出于对自己角色的顾虑，对班级事务的参与度不够。为了调动科任老师积极参与班级事务的热情，我请每位科任老师都来担任班级的"副班主任"，并且举行了隆重的颁发聘书仪式。"副班主任"让科任老师有了在这个班级"当家做主"的自豪感、归属感和处理教育教学问题的正当性与主动性。

每次班级重大活动，我都会主动邀请科任老师参与策划，参加活动，让科任老师与学生在集体活动中进一步加深彼此之间的了解与信任。在活动中，科任教师可以尽情展示自己的才华，让学生看到一位更加立体和多彩的老师。在活动中与学生的互动，也进一步融洽了师生之间的关系。科任老师积极参加这些活动，密切了他们与这个集体的联系，增强了这个集体的团结力。

班级获得重大荣誉时，我们会第一时间与科任老师一起分享这份荣耀，对科任老师付出的辛勤汗水表达敬意。

我也经常邀请科任老师参加班级的主题班会，讲解学习方法，交流教育经验，畅谈班级未来，共商班级发展之策。

在处理班级一些棘手问题时，我也会主动向科任老师请教，听听他们的意见、建议。很多学生在科任老师面前，思想顾虑较少，所表现出来的言行往往更加真实。这种情况下，科任老师也比较容易发现班级中所存在的一些问题，并与班主任及时沟通，避免问题进一步扩大。在班级管理中，科任老师与班主任齐心协力，许多问题的解决就顺畅得多，班级管理效果也会事半功倍。

科任老师既是班级教学工作的主要实施者，也担负着对学生进行思想道德教育的责任。班主任在工作中善于协调好与科任教师之间的关系，激发和带动科任教师的工作热情，对于提高班级管理的效益大有裨益。

躺在角落里的 "道德风尚奖"

"老师，这块奖牌已经很脏了，要不要扔掉？"看到值日生手里拿着的奖牌，我猛地一惊！这不是体育节班级获得的 "道德风尚奖"吗？授奖之后，我便将它连同其他奖牌一起交给了班长，现在怎么搞得灰头土脸的？"老师，大家觉得道德风尚奖是在安慰没有获奖的班级，挂起来反而没有面子，所以班长就随手把奖牌放在班级书橱边上了。"看到我的疑惑，值日生又补充了一句。

"道德风尚奖"是安慰奖？看来，同学们对这份荣誉有着很深的误解啊。

主题班会：每一份荣誉都值得我们去珍惜！

奖牌被我留了下来，周一的班会课上，我用多媒体先给同学们播放了一些图片和视频：有的是同学们在为运动健儿呐喊助威；有的是他们在为参赛同学递水擦汗；有的是他们协助体育组布置赛场；有的是他们在打扫赛场卫生……

看完这些照片以后，我提出了一个问题："有的同学认为我们班获得'道德风尚奖'，是学校在安慰体育节没有获得综合奖项的班级。你们看了这些视频和照片后，觉得这种说法对吗？"

这个问题让很多同学低下了头。

"这些照片有些是同学们自己拍的，有些是学校宣传报道组拍的。尤其是同学们自发协助体育组老师们布置赛场，担任学生裁判，义务维持赛场秩序，打扫赛场卫生等工作，受到了体育节组委会的高度赞许！所以，我们班才被授予'道德风尚奖'，那是组委会对同学们践行体育精神的一次褒奖。很多同学，包括我在内，都把目光聚焦在获奖的项目上，反而忽视和怠慢了这份荣誉！

"这次体育节，我们班虽然没有获得耀眼的比赛成绩，但是同学们在赛场上的拼搏、努力，以及分工协作、团结互助的精神，已经深深地感动了我！通过这次体育节，我明显地感觉到班级的凝聚力增强了，同学们长大了，懂事了！这比获得任何名次都珍贵，都重要！

"现在让我们用最热烈的掌声把'道德风尚奖'奖牌请上讲台！挂牌仪式正式开始！"

在大家热烈的掌声中，班长和体育委员将精心擦拭过的奖牌，小心翼翼地挂到班级墙面的显眼位置上。

为自己颁奖：让我们成为自己心目中的英雄！

高中阶段的孩子，对荣誉的态度正在发生着潜移默化的改变。一方面他们渴望荣誉，另一方面他们又会装出对荣誉漫不经心的样子。虽然学校有较为系统的表彰和评比，但是这些表彰的内容更多地倾向于学生的成绩和体艺特长，而且又有名额的限制，这就让班级里面很多学习不是很突出，又没有体艺特长的学生很难有获得表彰与荣誉的机会。时间一长，很多学生的进取精神和意识会受到很大的影响。

创新荣誉获得的途径，让学生在争取荣誉的过程中提高自己的进取意识，满足学生的获得感和成就感便成为当务之急。

既然学校层面的奖项有限，那么班级层面为什么不可以设置一些与学生日常学习、生活息息相关的奖项呢？班级奖项的层级虽然没有学校的高，但只要是得到大多数同学认可的，具有公信力和榜样作用，依然可以起到激励学生的作用。

说干就干，集思广益，很快就有不少好的点子出来了。有的同学建议："只要连续一个月不出现无故迟到的现象，就可以颁发一个'满勤奖'。"有的同学说："在班级卫生值日工作中，可以设置'劳动模范奖'，对值日认真负责的同学是一种肯定。"还有的同学建议："我们不仅要比成绩，更要看努力的过程，看进步的幅度，班级可以设置'最勤奋同学奖'和'最快进步奖'。"有的同学说："班上不少同学经常默默地帮助别人，我觉得咱们可以设置'班级最美学生奖'，专门表彰我们身边的'雷锋'。"还有的同学说："我们也希望得到家长的认可，能不能请家长给我们颁一个'最贴心小棉袄奖''最省心帅小伙奖'啊！"

同学们的建议打开了我的思路。他们希望自我价值能够得到认可，他们渴望成为自己和家人心目中的"英雄"！既然如此，我何不将这些奖项统称为"二班英雄奖"呢？我的提议得到了同学们的响应。师生最后商定，我们的"二班英雄奖"暂时分为这几个系列，包括"最守时奖""最勤奋奖""最勤劳奖""最美丽奖""最体贴家长奖"。

除了"最体贴家长奖"外，其他奖项由学生自荐。自荐的同学登台简要陈述自荐的理由，然后由全班同学进行无记名投票进行公信力测评，获得五分之三学生认可的，即可当选。"最体贴家长奖"，由家长推荐，只要推荐的理由合理即可当选。奖项每半学期申报一次，获奖名额和奖项均不作限制。奖品为班级在网上商城定制的玻璃小奖杯，奖杯上刻有"二班英雄"和学生姓名以及班徽，底座正面刻有获奖同学送给自己的一句话。"最体贴家长奖"的奖品请家长设计和制作。

学生们申报的热情非常高涨，很多同学在申报时说，自己申报不一定是为了获奖，而是要让大家知道自己其实也很棒！

第一次"二班英雄"颁奖典礼在家长例会上隆重举行。学生主持人向全体家长、科任老师一一介绍了获奖同学，多媒体同步播放着他们的生活照片。每一组奖项都邀请科任老师和家长担任颁奖嘉宾，共同为获奖同学颁发奖杯。在阵阵掌声中，很多学生的脸上泛起了发自内心的自豪和喜悦！

荣誉不在于高与低、多和少，而在于我们对待荣誉的态度，在于如何激发同学们自尊、自强、自爱的精神！

班主任工作的「技」与「术」

班会课也是"课"

班会课是班主任管理班级，进行道德教育、政治教育、思想教育的重要阵地，但是一学期有 20 堂左右的班会课，一届下来，有百余节班会课，这些班会课完全由班主任主讲，不仅学生会产生厌倦情绪，班主任也会慢慢懈怠。但是如果精心准备，充分动员学生参与，那一堂堂精彩的班会课必将成为我们班主任生涯中一个又一个永不磨灭的记忆。

一、常规班会课存在的问题

（一）漫谈式班会

很多班主任习惯于把班会课当成是上一周班级事务的总结，有问题则长，没问题则短。虽然学校也要求班主任在年初拟定班会课的计划，但是很多计划很难真正落实，计划成了形式。

在较为激烈的教学成绩竞争面前，很多学校也迫于现实的压力，没有制定较为明确的班会课考核标准和系统的班会课纲要。

这种漫谈式的班会课，缺乏对学生身心发展的规律性探索，针对性不强，内容随意，班会课德育教育的功能大打折扣。

（二）灌输式说教

很多班主任在班会课的实施过程中，习惯于采用单向说教的方式，向学生进行所谓的思想灌输。

这样的班会课，基本上是班主任在唱独角戏，学生处于被动接受的位置。不断说教，很难引起学生情感上的共鸣，时间一长，学生便会滋生厌烦乃至抵触的情绪。

（三）互动性有限

很多班主任在组织班会的时候，没有进行充分的准备，班会课内容重复、枯燥，导致学生主动参与的意愿不强。互动性有限，会直接影响到班会课的教育效果。

（四）班会变成"批斗会"

在班级管理中，难免会碰到这样和那样的问题。很多班主任习惯于在班会课上对这些问题进行点评，有时还对相关同学进行批评教育。班会课变成了"批斗课"，这种情况一旦多起来，学生自然会对班会课产生畏惧情绪。

（五）班会课不是"课"

在很多班主任心目中，班会课可有可无，对班会课的重视程度有限。一旦教学任务加重，班主任便会自然而然地想到利用班会课的时间，因此，班会课有时候便成为各科老师调节教学进度的战场，班会课被挤占和挪用，其教育功能自然被弱化。

二、常态化开展班会课的几种途径

如何开展好常规班会课呢？我的做法如下：

（一）由学习小组根据选题组织部分班会

在学期之初便广泛征求学生的意见，从中确定几个主题，然后把任务分解给几个学习小组，由各个小组准备班会课材料，并且由该组学生选出主持人主持这节班会课。在主题方面，感恩类：一般选择在母亲节或父亲节之前组织一期感恩父母的主题，在教师节之前组织一期师恩难忘的主题等；誓师类：重大考试前，组织一期表决心、找对手、争上游、定目标的班会课，激发全体学生的斗志，调整考试的状态；反思类：考试之后，由学生坦言考试的成败得失，总结经验教训，相互交流考试的心得，表扬先进，鞭策落后。

（二）结合重大主题召开主题班会

每年都会有一些重大的事件和纪念日，充分运用这些素材组织的班会课会取得意想不到的效果。

每年的 5 月 12 日之前，班级都会出一期庄严肃穆的纪念主题板报，以纪念汶川大地震，并召开纪念班会课。其中给我印象最深刻的是 2009 年 5 月的那期班会课，在这次班会课之前我只下载了一段视频———最感人的母亲———地震中的母亲在临终前拼尽全力用身体护住婴儿，并在手机上留下了感人肺腑的遗言："亲爱的宝贝，如果你能活着，请你一定要记住，我爱你!"视频很短，我播放了两遍，结果当我抬起头来的时候，发现自己已经泪流满面，而很多学生更是泣不成声。在学生情绪稍微稳定之后，我提出了一个建议，请同学们谈谈自己的父母亲，很多学生踊跃举手，一堂班会课让很多学生把对自己父母的感激、歉疚之情淋漓尽致地表达了出来，这次班会课我用 MP5 录了音，在后来的家长会上我把录音播放给了家长听，很多家长也深受感动。

培育学生爱国主义情怀是德育工作的重要使命之一。中国维护钓鱼岛主权的有关时事素材，是培育学生爱国主义精神的重要载体。在主题班会课之前，我利用周末上网搜集了许多日本侵略者残害中国同胞的资料图片，其中一幅图片极其令人悲愤! 一位赤裸上身的母亲在日军的屠刀即将割下她头颅的时候依然紧紧抱着怀中的幼子。我决定选择这幅图片，同时我也把钓鱼岛问题的来龙去脉制作成简明的课件。班会课开始时，我请全体学生起立，高唱国歌。但是我发现很多学生嘻嘻哈哈，态度不是很认真。学生坐下后，我没有说一句话，把那幅图片用多媒体投影了出来，并且简单做了一个说明。这时候很多学生的表情变得非常严肃，有些同学更是激愤万分，摩拳擦掌。我说像这样的惨剧在那个不堪回首的年代，可能天天发生，为什么呢？因为当时的中国是一个弱国，人家都来欺负我们，虽然现在中国强大了，但不代表我们就可以高枕无忧了，现在日本扣押中国渔船和船员就是一个例子。我把钓鱼岛事件的来龙去脉向学生做了一个简单的阐述，并请同学们就这一事件发表了自己的看法。后来有一位学生在班级周记上说，通过这件事我感觉自己长大了很多，以前模糊的民族责任感仿佛已经肩负在身！

（三）利用身边人教育身边人的班会课

高二的时候，班级来了一位师大的实习生——徐彭，徐彭家在长丰，幼年的时候，母亲便因故去世，父亲的年龄也很大，家庭生活条件很困难，但是徐彭不屈不挠，以优异的成绩考上了大学。当年的安徽经视《我要飞得更高》节目对他的事迹做了专门的报道。他刚来实习时，我并不了解这件事，一次偶然的机会，我得知了这件事后，找到了徐彭，问他愿不愿意"现身说法"，主持一期班会课。他非常爽快地答应了这件事，并做了非常认真的准备。在这期班会课上，徐老师以"责任"为主题，就人生的态度、学习的动力、个人对于家庭和自己的责任为线索，把自己学习的经历和对人生的理解做了一个很好的诠释。徐老师乐观自信的人生态度和扎实勤奋的学习经历给全班学生带来了很大的震撼。当时我也让学生把这次班会课录了影，直到现在依然保存在班级的电脑中。

（四）"我的班级我做主"的班会课

班级管理中，完善的班纪班规和班级管理制度必不可少，但

1. 主题要有系统性

每学期开始，班主任要结合上级部门和学校的教育教学规划和要求，对班会课进行一个具体的规划。我们可以先确定一个大的方向，比如到了新的教育阶段，如何进行常规管理；学生的心理如何辅导；学生的学习需求和困惑怎么面对；学生的安全教育如何开展等。大的方向确定以后，在此基础上，结合学生的成长需求，再进一步细化。主题确定之后，班主任便可着手收集资料，制作课件，编写教案，策划活动等。

2. 主题要有梯度

学校的教育呈现出明显的梯度，这与学生的身心发展是相吻合的。班主任在确定班会课的主题时，也要符合这一教育规律。

比如七年级学生，刚刚进入一个不同的学习阶段，来到一个新的学习环境。这时的他们好奇心强，渴望给新老师、新同学留下一个好印象。我们在这一学期可以组织"我爱我班""新环境、新目标"等主题班会，使学生能尽快熟悉和适应新的学习与生活环境，引导他们尽快转变学习方法，以饱满的姿态适应新的学习挑战。

而到了八年级，随着学习压力的增大，很多学生会出现焦虑、紧张等心理，班主任要充分理解和重视这些现象，在班会课上，我们要多安排一些如"认识我自己""学习是这样的""珍爱生命""我的未来不是梦"等主题，帮助学生发现自己身上的闪光点，增强他们克服眼前困难的信心。

3. 主题要有时效性

及时性是主题班会教育效果最大化的必要前提。班主任在设计主题班会时，要考虑时间因素，选择适当的主题。比如"防溺水"主题班会，我们就应该在每年的四月至十月份之间择机系列是如果所有的制度都由班主任制定，未必能够为同学们所遵守，即便遵守，效果也会大打折扣。我的做法是，每一条新的班级管理措施出台后，先贴在班级的公告栏里，让全体学生讨论，在讨论的基础上，以学习小组为单位，综合提出意见。班会课上，我作为"政策制定方"，接受广大"议员"的质询，并解释管理措施制定的目的和期望达到的效果，通过这种方式，让学生理解并支持自己的管理措施。比如，因为到了高三，学生的运动量非常小，很多学生体质下降不少，于是我提议，课间操后，全班学生绕广场跑一圈，增加点运动量。一开始，学生并不理解，意见比较多。于是在班会课上，我说："你们把不想跑操的理由说一说。"有些小组的意见是，跑不动——累，有的是，怕耽误上下一节课，等等。等他们提完了意见，我说："累，恰恰说明你们的体质不如以前（高一课间操跑操 1500 米，现在只有不到 500 米）。至于怕耽误上下一节课，那更不可能，因为我们班最后一个上楼，等待上楼的时间和跑完操后上楼的时间差不多。"这么一分析，反对跑操的主要理由就站不住脚了，而且经过一段时间的跑操之后，学生们感觉两节课后跑一跑反而神清气爽。对于分歧较大的细节，根据学生的意见和班级管理的实际再做相应的调整。这样班级的规章制度、管理措施不仅不会激起学生的抵触情绪，执行的效果也会更好。

三、主题班会课建设的几点要求

（一）主题鲜明系统

任何一节课都要有一个明确的主题，班会课也是如此，从某种意义上说，一个好的主题就是一节班会课的灵魂。

如何确定一节班会课的主题呢？

开展；对父母的感恩教育，我们可以利用父亲节、母亲节，对学生进行亲情体验、感恩父母、亲子关系等主题教育。

4. 主题要有可操作性

可操作性指的是，班会课的主题不能太大、太空，要贴近学生的生活与学习实际；主题活动要有利于组织；课程容量与班会课的课型匹配等。

（二）学生充分参与

一堂完整的班会课，一定要有学生的充分参与。现在的中学生，主体意识强，追求平等，有强烈的自我表现欲。班主任如何发挥学生的主观能动性，提高他们参与的意识呢？

1. 处理好"导演"与"主演"的关系

在一堂主题班会课中，班主任是"导演"，学生则是"主演"。班主任在确定相关主题之后，邀请班干部和学生一起就班会课的素材、流程以及活动的安排进行商量，充分尊重学生的参与热情，发挥学生的主体作用。

班会课不一定每次都由班主任主持，有些主题由学生来主持，更有利于学生在课程与活动体验中得到教育。

2. 处理好"风筝"与"线"的关系

在加强学生主体地位的同时，班主任也要善于引导学生在班会课中传递正能量。比如在有关加强班级管理的主题班会课中，有的学生可能会从片面的角度去抱怨甚至指责班级存在的一些问题，这时候，班主任就要发挥"线"的功能，引导学生客观地分析班级存在这些问题的原因，防止班会课在无序状态下，变成乱舞的风筝。

（三）班主任的课程能力建设

目前很多学校对班主任的专业定位不准确，班主任群体对自身肩负的"立德树人"的使命重要性认识也不足。很多班主任实际上并没有将班会课的育人功能发挥出来，也没有将班会课锻造成一个可以施展班主任专业素养的平台。

班主任除了要提升自我的教学水平，在班主任专业领域，不能局限于班级常规事务的处理，要不断提升德育的素养和育人的能力。班会课如果只是以宣讲的形式流经学生的耳朵，而没有学生的感悟和内化，道德信念就很难树立，道德行为就更难产生了。

如何提升班主任开发与建设主题班会课的能力呢？

1. 明晰班会的课程定位

一节完整的主题班会课包括课程设置的目的，彰显的教育价值。完整的活动过程包括情景的创设、活动的体验、师生的互动、总结与提升等。教育目标、课程内容（关联性的活动内容、形式）、课程管理、课程评价、课程资源等要素在主题班会课中一一体现。主题班会大多为一节课的时间，也可以按照单元化的设计，围绕某一主题进行系列多课时教学设计。

2. 科学设计班会的课程

不是所有的班会课都可以作为课程来实施。规划课程需要考虑这样一些要素：一是具体而科学的育人目标。班主任既要担负起培养学生综合素养的职责，也要考虑到班会课可以承担培育哪些素养的责任，考虑到学生的素养水平。二是科学地确定课程内容。班会课相较于学科类的课程而言，更需要教师的提前预设和情境规划以及活动支撑，这些都是建设班会课程时需要提前谋划的。三是合理归类。班会课与学科课程不同，没有统一的教材。班主任在设计班会课程时，需要将同一类型或相近类型的班会课进行适当整合，比如防溺水、道路安全等都可以统一归纳到生命教育主题班会课程中去。四是班会课与学科课程的融合。班会课是学科教育尤其是学科德育的补充和延伸。有些教育内容可以渗透到学科教学中，而有些学科类的活动可以适当地调整到班会课程中。

　　用心打造班会课，是提升德育教育效果，提高班主任专业能力的重要途径。

线上家长会，可以这样开

2020 年突如其来的新冠肺炎疫情，让在线教育教学活动成为常态。线上家长会也逐渐流行起来。线上交流虽然便捷，但是也存在着家校互动不足、现场感不强、沟通交流单向等问题，班主任很容易将线上家长会变成一场个人的独白。如何组织一场家校沟通顺畅、教育效果明显的线上家长会呢？

第一步　做好筹划

（一）突出线上家长会的主题

线上家长会与线下家长会的区别之一，便是线上的家长们没有线下家长会身临其境的感觉，参与度便受到了影响。突出主题，可以有效地吸引家长的注意力。

主题根据学校教育教学的阶段性需要确定。比如学期中间，我们可以确立如下一些主题：

（1）学期中间学生学习状况的分析，班级期中考试的情况反馈；

（2）表彰班级在德智体美劳等方面表现突出的学生；

（3）一些需要家长关注的问题以及需要家长支持的内容；

（4）下一阶段班级构想与规划。

主题明确的家长会，有助于家长提前准备，提高家长会的参与度。

（二）合理安排参与人员的分工

做好充分的准备，是组织一场成功的家长会的前提。应让参与家长会的班主任、老师、学生家长、学生各司其职，形成合力。

班主任：班主任要依据家长会的主题，精心准备讲稿、PPT等，围绕主题进行系统分析和总结，谋划班级未来发展。班主任还要做好相关表彰的筹备工作，以及家长会的整体进度与统筹工作等。班主任还可以将下一次线上家长会的初步构想提出来，提前征求家长们的意见和建议。

科任教师：期中家长会的一个重要话题就是反馈和分析学生的学科成绩。各科老师可以根据学生半个学期以来学习的有关情况，利用相关软件，制作出学生成绩发展的曲线图。曲线图可以让家长对孩子成绩的变化一目了然，对各科成绩的优缺点有一个直观的把握。科任老师还可以遴选出一些典型的学习方法和学习案例，在家长会上推荐给家长。

家长代表：家校合作良好，可以更好地促进班级工作的开展。很多班级都组建了家长理事会，他们可以成为家长与学校之间沟通的桥梁。班级家长理事会可以在家长会之前收集一些家长关于班级管理和教学方面的建议、意见，自己在教育孩子中碰到的一些棘手的问题，家长们比较关心的一些教育热点问题等。家长理事会再将这些问题进行汇总，并选择一些比较集中和普遍的问题，请班主任和科任老师在家长会上予以解答和回应。

学生：家长会也是展示孩子们这一阶段教育教学成果的平台

和机会。家长会之前，我把半年来同学们学习、活动、生活的照片汇编成电子影集，在家长会之前进行播放。这既可以起到家长会暖场的作用，也能够让家长直观地了解学生在学校的生活、学习情况，提升家长对学校和班级工作的支持度。同时，学生们也可以录制一些对爸爸妈妈讲的话，通过视频在线传达给家长，这有利于融合家长与学生之间的亲子关系。

"嘉宾代表"：线上家长会因为不受地点的限制，我们可以邀请一些在大学就读的学长、学姐以在线的方式，和学生以及家长们在线交流，介绍一些学习方法、大学的相关专业等，让学生和家长对大学生活有一个更为具体的了解，也有助于激发学生努力学习的斗志与激情。

家长、学校、学生的分工合作，让家长和学生充分地参与进来，可以避免班主任和老师唱独角戏，让家长与学生在参与筹备的过程中，与学校、老师和班主任形成情感和认知上的进一步共鸣。

第二步　营造氛围

线上家长会和线下相比，最大的不足就是缺乏现场感。怎么解决这一问题呢？

线上也有线上的优势，那就是我们可以利用多媒体平台，把家长会的仪式感和我们的诚意充分表现出来。

现在有很多学生的电脑水平和运用多媒体的技术比较高，可以动员他们制作精美的电子海报。精美的海报可以激发家长的参与热情，增强他们对家长会的期待，提升家长会的仪式感。

一份精美的海报，具备以下几个要素：

（一）醒目的家长会主题

家长会的主题一定要醒目、切题，具有震撼力，能够让家长对本次家长会的主旨一目了然。比如期中家长会，我们可以将主题确定为"辉煌过去，精彩未来"，这样的标题既一目了然，又可以让家长产生一种强烈的振奋感和自豪感。

（二）温馨的时间提示

在线家长会的时间安排一定要合理，同时也要非常明确。线上家长会一般利用晚间的时间，这时候学生家长基本上都不在工作，时间安排上相对自由和充裕。在海报上要有家长会明确的时间信息，包括何时开始、何时结束等，同时还要有一些温馨的提示，便于家长提前安排时间。

（三）简易的操作指南

很多家长，因为工作的原因，可能对参与线上会议的方式不是很熟悉，在海报中要有简易的操作指南，比如直播平台、房间号、登录二维码等。

（四）班级任课老师和嘉宾的简要介绍

很多家长对班级任课老师的了解，都是通过自己孩子的描述获得的。在海报中，将老师们辛勤工作的照片登上，并配以个人简介，可以让家长更能全面地了解老师，减少与老师的距离感。而图文并茂的"嘉宾"展示，更是让家长仿佛看到了自己孩子的未来。

（五）家长们关心的话题

家长会之前，已经向家长进行了话题的征集。海报中，可以列出家长特别关注的话题。有了关注的话题，家长们自然就有了更为积极的参与热情。

（六）富有班级特色的海报背景

一张精美的海报，必须要有一个富有特色的背景。线上家长会的海报可以选用班级学生的合影、开展活动的照片等具有明显班级特色的图片作为背景。

精美的海报，不仅能够增强线上家长会的仪式感，也能够让家长感受到来自班主任的浓浓诚意。

第三步　线上互动

线下家长会，老师和家长可以进行面对面的沟通，而线上家长会，我们与家长如何互动呢？

在线上家长会进行过程中，我们不妨利用互联网在线会议的技术特点，从以下几个方面与家长进行及时的互动：

（一）暖场的技巧

冷冰冰的客户端和网络会让线上家长会显得有点"冷清"，班主任可以通过一些简单的技能来暖场。

比如在家长会开始之前，班主任可以设计一些互动性比较强的话题，如：您孩子在家经常干家务活吗？经常做家务活的请扣1，不经常的请扣0；孩子在家经常和自己交流的请扣1，不经常的请扣0等。这种互动可以让直播间很快活跃起来，让家长会在热烈的气氛中开启。

（二）交流的技巧

在家长会进行的过程中，如何及时且方便地与家长进行互动呢？

班主任在播放班级学生学习、生活的视频，进行班级表彰的时候，可以鼓励家长发弹幕，表达对学生的肯定和赞许。

针对家长的一些疑问或者是特别关心的问题，可以专门安排一些时间，让家长打开麦克风与老师和班主任进行在线交流。

班主任还可以请一些有经验的家长进行一些教育经验的在线分享，也可以利用摇号软件，通过摇号的方式，随机邀请部分家长在线发言。

在线的交流、分享，弥补了线上家长会现场感的不足。

（三）表彰的技巧

对优秀学生、优秀家长进行表彰，既是期中家长会的必备环节之一，也是利用榜样进行激励的重要途径。

期中家长会上的表彰，在表彰项目的设置上，要兼顾德智体美劳等综合表现，不能只关注成绩，还要考虑到学生在其他方面的表现，表彰更要关注到学生的动态进步，让半学期来有进步或者一直在坚持的学生有获得感和成就感。我们可以设置"班级文明之星""班级劳动之星""班级进步之星""班级学习之星""班级自强之星""班级体育之星""班级管理之星""乐于助人奖""坚持不懈奖"等。公开的表彰既是对进步学生的认可和鼓励，也是让被表彰的学生家长分享孩子进步的喜悦，从而拓展学校教育的效果。

对于优秀家长的表彰也很有必要，学校教育与家庭教育密不可分。对优秀家长的公开表彰，是学校对家长工作的肯定，也是鼓励家长更新教育理念、提升教育水平的一种形式。

（四）结束的技巧

线下家长会结束后，家长们会围着老师进行单独沟通和交流，这种交流是家长会的延续和补充。

线上家长会怎么办呢？在线上家长会结束时，老师和家长可以互道感谢，互相鼓励。班主任和老师可以通过表情包等形式，向家长表达对他们支持班级工作的感谢。同样，家长也可以通过表情包等形式向班主任和老师表达感谢之情，感谢老师们对学生的关心和辛勤付出。这样的互动不仅让家长会的结束具有仪式感，也让家校之间的教育合力增强，提升了家长会的效果。

第四步　后续跟进

家长会上与家长的沟通与交流，在家长会后还要进行进一步的消化，这样可以把家长会的效果发挥得更理想。

线上家长会之后，我们要根据不同的学情和家庭状况，指导家长配合学校的教育，倾听孩子的心声，关注孩子的心理状况，加强亲子关系。家长可以晒一些亲子互动的照片与视频到班级群里。

班主任还可以围绕学生教育的热点问题开设一些专题讲座，比如，如何培育孩子良好的心理素质，如何培养孩子严格自律、自主管理的能力，良好的学习习惯如何坚持等等。

线上家长会，只是家长会组织形式的一种变化，班主任只要用心去组织、去筹备，就一定能发挥好家校线上共商育人的积极作用。

从《爸爸去哪儿》到《变形计》

——穿越时光去探寻最质朴的教育之道

一、班会课主旨

高中生是一个生理与心理都面临着巨大变化的群体，一方面他们渴望人格的独立和自我价值的实现，但是另一方面他们的思想还没有完全成熟，家长、社会、老师还在扮演着他们的监管者和领路人的角色。在这一过程中难免会产生这样或那样的矛盾和冲突，如何化解这些矛盾和冲突便成为摆在我们面前的一个严峻的课题。而目前我们面临的现状是，家长的文化层次和对教育的关注程度参差不齐，有很多家长不知道如何教育自己的孩子，面对孩子的变化束手无策。更让我们担忧的是，有很多家庭由母亲在承担照顾与监管孩子的重任，而父亲往往在孩子的教育中属于缺位状态。这无疑给我们的家校沟通和有效地形成教育合力带来了诸多难题。怎么办？我的思路是通过与家长们尤其是各位"爸爸们"回顾和分享自己的"育儿"经验，唤起家长们教育自己孩子的热情和自信，共同探寻家校合力的有效途径和方法。

二、班会课参加人员、地点、时间

人员：若干位班级志愿者、全体家长原则上是父亲、老师

地点：高二（5）班教室

时间：周一下午第四节课

三、相关素材

《爸爸去哪儿》部分视频、相关文字材料

四、班会课过程

主持人（志愿者）：今天非常感谢各位家长能够抽出时间参加我们的主题班会课，我们今天的班会课主题是从《爸爸去哪儿》说起，和家长们一起分享我们的教育经验和体会。下面有请班主任上场。

班主任：客套的话我就不说了，下面我先来问各位家长一个问题：看过《爸爸去哪儿》节目的家长请举手；比较完整地看过节目的请举手；和孩子一起看过的请举手；倾听过他们对这期节目的讨论的请举手。请主持人统计一下。

（在主持人统计的过程之中，展示《爸爸去哪儿》和主题曲《我们去哪儿》。同时用多媒体把歌词打出来。）

班主任：不知道各位家长听完这首歌以后，自己的记忆是不是也往回倒退了十几年时间。

您的孩子是不是也曾经问过您："老爸！老爸！我们去哪里呀？"而我们的家长，尤其是父亲们是不是也一直以"宝贝！宝贝！我是你的大树"而骄傲过，同时您是不是也因为很长时间没有听到"爸爸、妈妈，我爱你"而怅然若失。

（在这一系列的问题抛出后，家长们的情绪被调动起来了。）

主持人：那么各位家长想不想让这些失去的过往都回来呢？我们一起请班主任想想办法好吗？

班主任：想不想？（肯定都想）现在我把主持人的统计结果公布一下：

结果显示，看过的或完整看过的比例并不高，和孩子一起看过或聆听过他们讨论的更是寥寥无几，绝大多数还是母亲。这是为什么呢？一方面是我们的父母亲可能没有时间，另一方面也说明我们的家长心态已经有了很大的变化。

班主任：下面我们一起来看一看经过我们的学生剪辑过的《爸爸去哪儿》特辑，大概有十分钟左右。（播放视频并观察家长们的反应，家长们被萌娃们的表现逗得前仰后合，同时对节目中爸爸们处理各种危机的办法窃窃私语。）

班主任：对于节目中孩子的表现各位肯定似曾相识，而节目中家长们解决问题的办法，你们其实也并不陌生。有的家长可能会说，这其实就是一档真人秀节目，笑笑也就罢了，其实我们或许还要看看别人怎么评价这类节目。

"一直以来，父亲在我们心中的形象都是深沉的、严厉的、默默付出的，中国父亲为了事业和家庭奋斗，往往没有太多时间和孩子相处交流。我们习惯了温柔、无微不至的母爱，常常向母亲撒娇，却忘了问一句爸爸去哪儿。《爸爸去哪儿》第三季将目光放在长期被我们忽略的爸爸身上，通过展现爸爸与孩子的相处，让我们清楚地看到父亲对孩子严格的要求和浓烈的爱，明白了父亲的心和父爱的伟大，唤起了广大观众对父亲的感恩和对父爱的思考。同时其中明星爸爸对子女的一些教育方式也引起儿童教育家及广大群众的讨论，不同性格、不同价值观的父亲对孩子的教育方式也不同，教育方法、心得的碰撞交流对于完善儿童的教育有很大的裨益，年轻的父母也可以学习到很多的育儿心得。"（四川新闻网评）

班主任：现在您了解您的孩子吗？

家长：想肯定，又觉得拿不准。

班主任：从各位的反应看，你们现在也很难确定您就了解您的孩子。起码你们可能不了解他们在学校的情况。

（主持人播放学生们在刚刚结束的体育节上的视频材料。）

班主任：您的孩子和您朝夕相处，所以你们看到的更多的是他们的缺点或不足，尤其是进入高中之后，成绩可能是你们更看重的一个方面。所以，父母亲与孩子之间的关系越来越紧张。

班主任：在刚刚结束的心理学培训中，一位专家谈到了类似现象，他把这种现象称之为"情感缺位"。一和孩子交流，就问成绩，问名次，孩子能不烦吗？有的家长远在外地，一打电话就是：你考试了吗？学得怎么样？搞到最后，孩子竟然拒接电话！小时候，您的孩子一回家肯定就问：爸去哪了？妈妈呢？现在为什么不问了？

（家长一片沉默。）

主持人：下面请家长看这样一段视频（《变形计》剪辑）。

变形记简介：

《变形计》是湖南卫视推出的一档生活类角色互换纪实栏目，在节目中城市主人公与农村主人公七天内互换角色（2014 年改为一个月），感受完全不同的人生体验，达到收获教益、改善关系、解决矛盾的目的。节目全程每天 24 小时跟拍，粗加剪辑后原生态播出。《变形计》非常容易抓住家庭观众的心，节目展示和讨论的话题是大家非常关心和关注的，容易吸引大家都参与进来。尤其是城里孩子和农村孩子的生活互换，引发了观众对家庭教育的思考。它是中国第一档生活角色互换类节目。

作为一档在社会热点中寻找题材的创新节目，《变形计》的社会意义不言而喻。节目关注时下热点新闻，挖掘新闻中蕴含的带有社会普遍意义的内涵，通过精心设计的节目形式放大这些内涵，并寻找某些热点问题的解决之道。另外，心理学认为，体验是人们达到相互理解的最佳途径。

班主任：为解决一位母亲与自己孩子的僵化关系，我曾经请一位家长跟班一天。这次体验后，这位母亲在心底里改变了对自己孩子的态度，并尝试着站在孩子的角度去考虑问题，解决问题，母子关系有了很大的改善。我把这段经历写成一篇文章发表在了《班主任》杂志上。

（家长被我的介绍吸引住了，于是我趁热打铁。）

班主任：各位家长，我们也来一场"变形计"怎么样？

活动设计方案及目的：

设计方案：这次变形不是孩子与父母角色的"变形"，而是你们的心态往回倒退十年时间，在这一个月时间里，你们尝试着用十年前甚至更早时期的目光和标准去关心与照顾您的孩子，在这一个月里，请以日记的形式把相关变化记录下来，看一看你们与孩子之间的关系有没有变化。

设计目的：设计这样的活动，主要是为了唤起家长在教育孩子过程中最真实的情感因素，尽量过滤掉现实压力中所掺杂的诸如成绩、逆反等给家长在教育中带来的负能量。在家长与孩子中，家长比孩子更容易转化和调试，要教育好孩子，首先请家长学会改变。

班主任：我们的班会课今天只能进行到这里，一个月后，我们再请各位家长晒一晒你们各自的成果。

第八篇 "菁莪林"里且行且思

　　"菁莪",出自《诗经·小雅·菁菁者莪序》:"菁菁者莪,乐育材也,君子能长育人材,则天下喜乐之矣。"后以"菁莪"寓"育材"之意。

　　在巢湖一中的校歌中有"菁莪械朴人中望"之语。2011年,百年校庆之际,校友捐赠的"菁莪林"栽种于学校的陆家河畔。工作之余,我经常行走于陆家河畔,徜徉于"菁莪林"中,思工作之得失,寻育人之真谛。

　　立德树人,如何有效落地?班主任如何实现专业的突破与飞跃?⋯⋯

一"源"五"脉"，拥"湖"育人

——依托乡土资源进行"五育并举"的校本实践

环巢湖地区拥山揽水，文化底蕴深厚。水的灵气、湖的浩瀚、山的巍峨、人的宽厚，为五育并举的校本实践提供了丰富的素材资源。我们以"湖"为源，深入挖掘乡土文化蕴含的"德、智、体、美、劳"五育基因，并进行了一系列的校本化开发与实践，有力地推动了五育的融合和落地生根。

一、开发建设"一源五脉，拥湖育人"校本课程群

表 8.1 "一源五脉，拥湖育人"校本课程群

课程类别	课程名称	课程内容	学生发展素养
以水为脉，依"巢"养"德"	走近巢湖名人，感悟家国情怀	微讲座："巢湖三将军""有巢氏的故事""巢湖早期的共产党员""巢湖抗日名将"等	社会责任
	传统文化与现代德育的交融	微校本教材：《巢湖的非物质文化遗产》《巢湖方言》《庐剧》《含弓戏》《巢湖树雕画》《巢湖民歌》《巢湖民俗文化》等	

课程类别	课程名称	课程内容	学生发展素养
以水为脉，依"巢"养"德"	红色文化的开发与实践	微讲座："巢湖的红色记忆""温家套惨案""巢湖早期共产党员革命事迹"等 实践活动：参观红色战斗遗迹、博物馆、名人故居等	国家认同
	富国强兵与国防教育	实践活动：校本国防教育活动、走进解放军第7410工厂等 微讲座："淮军与中国的近代化"等	
尚文重教，筑"巢"育"智"	造福桑梓，教育强国	微讲座："说一说巢湖历史上的教育家""巢湖文化名人""巢湖历史上的书院"	
体育精神，倚"巢"而飞	奥运冠军，体育精神	校本教材：《奥运冠军许海峰》等 实践活动：励志跑操、远足活动等 微讲座："巢湖民俗里的体育元素""巢湖传统体育项目"等	人文底蕴
山水人文，与"巢"共"美"	生态环境之美	校本教材：《大湖生态》等； 实践活动：探访"名湖、名泉、名山、名岛、名洞"等	
	传统艺术之美	微讲座："庐剧""含弓戏""巢湖民歌""巢湖风俗礼仪""巢湖艺术名家"等	

课程类别	课程名称	课程内容	学生发展素养
山水人文，与"巢"共"美"	现代科技创新之美	实践活动：探访中国科学技术大学、合肥科学岛、合肥科技馆等研学基地 校本教材：《近代巢湖科学家》《汽车工业三巨头》等	科学精神
	乐享生活之美	微讲座：环巢湖"名菜、名点、名席文化"等 主题活动：校园美食节等	
	古镇、古村落、古迹文化遗存之美	实践活动：探访三河、柘皋、运漕、炯炀等古镇；探访九龙攒珠移民古村落群（如洪家疃）等	审美情趣
	名人、名家的家国情怀之美	微征文：感悟张治中、戴安澜等抗日英雄，王再生等革命烈士的家国情怀和民族大义等	
农耕渔猎，勤"劳"兴"巢"	"辛劳兴巢"，感受环巢湖发展的"卧牛精神"	微讲座："凌家滩文化里的劳动因子""古代巢湖人民的劳动奇迹"等 实践活动："巢湖边的大圩""卧牛劳动节"等	学会学习
	"感受大湖名城、触摸现代文明"系列	实践活动：探访巢湖电商村"三瓜公社"；探访中国科学技术大学、合肥科学岛、合肥科技馆等 校本教材：《环巢湖的科学家》等	身心健康
			实践创新

二、"五育并举"的校本实践

(一)"德""智"相融,学科育人

将环巢湖乡土德育因素融入学科的教学实践中,是将德育与智育进行有机融合的重要尝试。

环巢湖抗日英雄辈出,在历史教学中,充分发掘乡土抗日英雄资源,可以帮助中学生树立对国家和民族高度的认同感、归属感、责任感和使命感。引导学生阅读蔡炳炎将军的家书,深切感受抗日英雄的铁汉柔情和"天下兴亡、匹夫有责"的爱国情怀。通过开展"触摸历史细节活动",感受最美抗日女英雄成本华在民族危亡关头,毅然决然与丈夫一起共赴国难的豪迈气概与坚不可摧的民族气节!通过"还原抗日战场活动",感受英雄"不畏强暴、血战到底"的英雄气概。

在英语的教学中,开展"用英语说中国故事""用英语说家乡故事"等活动,将环巢湖乡土文化与英语教学相融合,鼓励学生用英语传播环巢湖文化。

在地理学科的教学中,"巢湖金钉子""陷巢州"等乡土内容,可以与地质运动等教学知识相融合,加深学生对家乡的认识和理解。

将乡土资源融入艺术课堂中,为学生营造歌颂、描绘、赞美乡土的情境。在音乐课堂里,可以教授学生传唱巢湖民歌,让传统音乐在现代课堂里焕发新的生机和活力;引导学生把环巢湖湖光山色之美融入艺术创作中去,培育学生发现、欣赏家乡美的意识。

在体育教学中,可以结合奥运冠军许海峰成长、成才的历程,引导学生树立强身健体,为国、为乡争光的拼搏意志和体育精神。

(二)奥运精神,体育育人

1984 年,环巢湖健儿许海峰实现了中国人民百余年来的奥运

冠军梦。这一殊荣，既是许海峰刻苦训练的结果，也与环巢湖区域独特的体育民俗文化的熏陶密不可分。环巢湖人民通过扭秧歌、踩高跷、划龙舟庆祝传统佳节；通过击战鼓、刀阵舞等纪念亚父范增；水鼓舞、渔鼓舞更体现出环湖人民与水共舞的昂扬精神面貌；各种扇子舞、放风筝等民间体育活动也开展得如火如荼。

在校本实践中，学校将奥运精神与环巢湖地区传统体育元素充分吸收到体育教育和活动中，相继开发出"励志跑操""青春远足""多彩大课间""趣味传统体育"等主题实践活动，不断培养学生团结协作、强身健体，为国、为乡争光的拼搏意志和体育精神。

（三）乡土塑魂，以美育人

环巢湖乡土德育资源中蕴含的美育价值，为学校开展美育教育提供了丰富的载体。

在校本课程的开发中，依托环巢湖绿水青山的自然环境，可以充分开发巢湖的"生态环境之美"，引导学生在欣赏自然之"美"中，关注人居环境，增强环保意识。

"庐剧""含弓戏"和"巢湖民歌"等是环湖传承历史、保存地方人文记忆的重要形式之一，戏曲、民歌所折射出的"传统艺术之美"可以鲜活地体现在校本课程之中。

"大湖名城，创新高地"是环巢湖区域最耀眼的名片之一。量子科学实验卫星成功上天，光量子计算机横空出世……在全国科技名城里讲述"现代科技之美"，是拉近学生与现代科技之间距离的重要途径。

以东关老鹅汤、庐江小红头、运漕早点等为代表的环巢湖经典美食中，蕴含着人民认识和理解事物的哲理，是当地人民"乐享生活之美"，创造美好生活的见证。

柘皋、炯炀、三河等环湖古镇历史悠久，徜徉在浸润着数百年风雨的古镇街头，可以让学生充分领略古建筑的"徽风皖韵之美"。

以"巢湖三将军"、抗日英雄戴安澜、革命烈士王再生、科学泰斗杨振宁等为代表的环巢湖优秀儿女，胸怀家国，他们身上闪耀的"家国情怀之美"，是激励学生树立爱国之志的重要精神源泉。

（四）卧牛精神，劳动育人

在巢城，有座卧牛山，相传巢父、许由曾隐居于此，留下了许由洗耳、巢父牵牛的传说。卧牛山是环巢文化的重要地标，它表达了人们重视农业、爱惜牛马的朴素感情，是环湖儿女坚毅、勤劳、果敢的精神内核。

以"有巢""卧牛"等带有鲜明特质的乡土文化标志，来命名学校的楼宇、道路、班级，可以让学生在了解环巢湖历史发展的脉络中增强对家乡发展的认同感，感受巢湖先民们努力建设家园的奋进精神，是对学生劳动意识的一种培育。在校园的景观建设中，也可以将先民们辛勤劳动、建设家园的场景融入进来，让学生感受到今天幸福美好的生活，是千百年来巢湖人民辛勤劳动的结晶。

学校还系列开展了"卧牛劳动节""呵护菁莪林""环保巢湖行""我的劳动节"等主题活动，引导学生参与家庭、学校、社会的劳动，并将学生劳动的照片在校园信息网络进行展示，将劳动的感悟汇聚成文字，形成具有校本特色的劳动教育成果。

三、五育并举，落地生根

（一）多彩"非遗"，文脉传承

"非遗"文化代表着环巢湖传统文化的高度和厚度。学校以巢湖树雕画、庐剧为对象，对"非遗"文化的德育内涵进行了探索与开发。

树雕画根植于巢湖流域的农耕文化，以树根、树皮等为原料，创作题材多以山水、花鸟为主，审美观赏价值较高。学生欣赏树雕作品的过程，就是与传统文化共鸣的历程。树雕画的创作过程，融合了多种创作手法，有利于培育学生的创新思维。环湖艺术家们对树雕画的传承与发展，折射出巢湖人民精益求精的工匠精神。树雕画作品中蕴含的创造意识、执着意识、审美意识，对学生品格的塑造有着积极的影响。

庐剧以其独特的乡土唱腔、接地气的曲词和平民化的表演风格，盛行于环巢湖区域。庐剧题材大多与人民的生活密切相关，很多庐剧直接取材于百姓的日常生活，其传递的情感与价值观念很容易让普通百姓产生共鸣。庐剧的语言特色也体现着鲜明的地域文化特征。庐剧的唱腔大多使用当地方言，是对环巢湖水土的依恋和传承。乡土戏曲艺术的校本化开发，有助于提升学生的审美情趣和艺术素养。

（二）生涯规划，榜样引领

环巢湖区域英才辈出，他们身上闪耀的爱国、爱乡的情怀，奋斗、奉献、勇担历史使命的责任意识等是中华民族宝贵的精神财富。在对青少年进行思想品德教育的过程中，榜样的引领和示范作用至关重要。乡土英才的生长环境、奋斗历程、成长轨迹对于高中生来说具有直观的借鉴和示范意义，是对学生进行生涯规划教育的优秀载体。在进行生涯规划教育中，我们进行了以下的实践。

学科德育渗透。学科教学在传授学科知识的同时，也在潜移默化地影响着学生的世界观、人生观和价值观。学科德育不同于单纯的德育，它具有润物无声的特点。例如语文课上可以朗读环巢湖地区的名家名作;历史课上介绍发生在环巢湖区域的英雄人物和英雄事迹;物理课上,可以介绍本地的科学家和他们的科学贡献;政治课上,可以结合环巢湖地区的改革与发展历程,感受改革开放的伟大变迁……学科教学的不断渗透,让广大学生可以更加深入地了解乡土名人,增强德育的效果。

开发生涯规划校本课程。生涯校本课程的开发,老师不仅可以指导学生参与,还可借助家长、社会的力量。校本课程的形式可以多样,比如阅读名人传记、专题报告、知识比赛等。通过这些生涯规划校本课程的建设与学习,让学生更加深切地感受到环湖名人的人生风采和积极进取的精神魅力。

走访名人故里。环巢湖区域名人故居资源丰富,学校可以按照需要,设计参访线路,实地参观名人故居。例如学生在参观张治中故居和黄麓师范学校后,对张治中热心办学、造福桑梓的爱教、爱乡情结有了更为直观的感受,对他一生爱好和平、追求进步的精神有了更深刻的体会。故居里生动的图片、实物等资料,不断激发出学生立志建设家乡、报效祖国的热情。

开展"巢湖赤子"系列报告。当代环巢湖区域也有许多活跃在各行各业的优秀人才,他们学习与奋斗的经历,对现在的学生具有更为强烈的吸引力和示范作用。学校可以开设"巢湖赤子系列报告"活动,邀请部分优秀人才回乡、回校做报告。各类优秀人才的现场示范,极易引起学生们的共鸣。

生涯规划教育贯穿学生的整个学习阶段,适当地渗透乡土元素,对于增强学生自我规划意识,提高学生的社会责任感具有很现实的意义。

(三)乡土元素,管理育人

将环巢湖乡土元素融入班级和学校的管理,融入家校合作中来，是学校践行"立德树人""五育并举"的创举。

巢湖民歌作为优秀的地方性生活技艺和言说艺术，是巢湖人共同的文化认同，与环巢湖人民的生活紧紧交融在一起。利用巢湖民歌分析学生的性格特征，并在此基础上进行班干部选拔，是我校将乡土文化与学校教育进行有机结合的创新性尝试。可以让学生倾听巢湖民歌交响乐《巢湖好》，寻找最像自己的乐器。喜欢架子鼓的同学，其个性大多是愿意帮助、衬托别人，这些学生可以承担劳动、生活等方面的班级工作；觉得笛子特别像自己的同学，一般性格外向，可以考虑担任文娱委员……在心理学指导下，通过倾听巢湖民歌来初步研判学生性格的这种方式，让班主任能够更直观地了解学生的个性，有利于提高班主任建设班集体的效率。

德育要关注学生生活的点滴，通过规范学生的生活、行为、习惯，锤炼学生的道德品质。学校从学生的一言一行抓起，开发出既有巢湖地域特色，又彰显新时代育人理念的"学生行为习惯八字歌""学子自省自律六言诗"等日常规范准则，传统道德标准、文化内涵在新时代德育中实现了完美的蝶变。

"家校协同育人"最关键的是家长与学校在育人观上要有高度的共鸣。学校定期开展"最美居巢学子""陆家河最美家长"等评选表彰，以及"菁莪杯"家校育人征文活动，激发家长在生活中为自己的孩子树立表率作用的热情，提高了他们对教育的理解和对学校的支持。

践行"五育并举"，重在落地，贵在生根。学校在开发乡土元素的过程中，通过课程开发、实践活动等形式把五育融合起来，是一种很有效的形式。

尽心尽力，无怨无悔

　　题记：这是我在入职巢湖一中后，应学校要求，向全体班主任和老师做的一次工作与思想汇报。把这篇文章作为本书的结尾篇，意在鞭策自己要在教书育人的道路上，不忘初心，笃行不怠！

尊敬的各位领导，各位老师：
　　下午好！
　　首先感谢校党委给我们青年人这样一个可以畅所欲言的机会。
　　我是今年刚到一中来工作的。一中是一个久负盛名的百年名校，以前只是耳闻，现在则置身其中，虽然时间不长，收获却很大。下面我着重谈一谈我在班级管理方面的工作感受与体会。
　　刚刚接手班主任工作时，面对全新的工作环境和陌生的学生，我曾一度手足无措，疲于应付。能不能干好班主任工作，成了摆在我面前的一个严峻问题。而首先帮我寻找解决问题的办法的是高一年级的各位有着丰富班主任工作经验的老师们。朱老师、贾老师、赵老师、晏老师、倪老师通过不同的形式对我加以点拨和指引，让我渐渐地找到了工作的途径，树立了可以干好班主任工作的信心。

经过一段时间的摸索，我渐渐体会到班级管理工作的核心，其实可以用"一个中心，两个基本点"来概括，"一个中心"就是以提高学生综合素养为中心，"两个基本点"则分别是抓纪律和保卫生。提升他们的综合素养是班级管理工作的根本出发点和最终目的，而良好的纪律和整洁的环境则是保障和促进学生学习的必备条件。

关于班级的学习管理，在各位任课老师的支持之下，我把全班分为九个学习小组，每个小组选择一位学习认真、工作负责的同学担任学习小组的组长，负责监督本组学生按时按质完成作业，及时完成语文与英语的背诵和听写任务，同时将学生的课外资料逐一登记，由组长根据课程进度定期检查他们完成课外资料的情况。我们班有一位张姓同学，入学的时候成绩在班上处于中上等，但是由于放松了在学习上对自己的约束，作业完成得一塌糊涂，任课教师多次向我反馈过他的情况，实行学习小组制度之后，在学习小组长的监督与约束之下，他的作业完成情况有了很大的改观，期中考试成绩有了很大的提升，获得了班委会精神上与物质上的奖励。

学习小组的建立，加强了学生学习的自主性和紧迫性，在实践中取得了一定的成效。有鉴于此，我将纪律管理和卫生检查也合并到这个小组之中。这样就形成了一个学习、纪律、卫生管理三合一的综合小组。为了提高各个小组的竞争意识，班委会设计了一个贴有每组同学照片的信息栏，并且根据每个小组的每个成员在一周内的学习完成情况、纪律遵守情况和卫生保持情况进行综合评分。对于得分较高和进步较快的小组在班会课上公开表彰，并在信息栏上贴上相应的星星。这个措施尽管并不高明，但是对于非常重视荣誉的高中生来说，激励作用是非常明显的。许多综合小组在每周评分结束以后，都会把本小组的人集合在一起，共同讨论怎样才能做得更好。有的小组为了鼓动本组成员的学习斗志，分别给自己的小组起了一个个响亮的名字，有的叫"集结号""凝动力"，有的叫"火车头""梦腾飞"。

在综合小组管理的基础上，班级设立了值日班长制度，值日班长的职责是监督并维护班级的纪律，处理班级的日常事务，详细地记录班级日志。值日班长由学生先自我推荐，然后交由全班学生公选，最后再确定人选。值日班长在每周值日之前，先在班会课上向全班同学集体宣誓："我宣誓，努力成为一名合格的值日班长，以维护班级纪律，促进班级和谐为己任，认真、负责地管理班级事务，详细、真实地记录班级日志。"值日班长制度的推行既满足了部分同学希望参与班级管理的愿望与要求，同时也无形中增加了他们对班级的责任感与使命感。班里有一位借读生叫蒋星露，在担任了值日班长之后，对班级事务的关注程度大大提高，有一次在双基辅导放学之后主动留下来打扫班级，整理桌椅。

班主任管理班级的得力助手是以班长为首的班委会，为了选好班长，我从军训的时候就在加以物色，最后大致确定了三名同学，为了充分展示并尽最大可能发挥他们的才干，我让他们每人轮流担任两周的班长，谁做得好，做得出色，谁担任的时间就长。这样有意安排的竞争环境使得他们在班级管理上尽心尽力，并且经常创造性地开展工作。比如我们的班级布置方案就是由其中的一位班长集合全班之力迅速完成的。班长是全班的核心，是班主任的全权代表，而其他的班干部则分工明确，对自己负责的领域负全部责任。全班同学每两周对以班长为首的班委会的各个成员进行打分，连续两次不合格的班干部则自动辞职，由班委会重新任命新干部。这样我们班就逐渐形成了以班委会为主，值日班长和综合小组相结合的班级管理模式。

除了对班级进行有形的管理之外，加强对学生无形的道德教育则是支撑各项管理措施的灵魂与基础。现在的德育教育往往由于学习任务紧张，教育方法缺乏感召力而奏效不大。我自己在教育学生的过程中有时也感觉到自己的说教是那么的苍白无力。怎么办？我想到了前不久的汶川大地震。在大地震中发生了许多可歌可泣震撼心灵的事迹。为此，我开了一次主题班会，班会课的主题就叫作"我们的父母真伟大"。事先我先对全班学生家长的职业、收入等做了一个大致的统计，经过统计我发现，全班有五分之四的学生家庭收入一般，甚至还有少数学生的家庭经济非常困难。同时我分别联系了一部分家庭条件较好、一般和较差的家长，让他们分别把这些学生从出生到读高中的大致费用给列出来，除了有的家庭请家教上补习班的费用之外，正规学校教育开支相似，数目很大。

等做完这些前期准备后，我又从网上下载了汶川地震中用自己的生命保护尚未满周岁的女儿的伟大母亲的视频和歌曲《感恩的心》，以及安徽经济生活频道《第一时间》栏目暑期播放的《我要飞得更高》的视频。准备完这些后，我先播放了关于那位伟大母亲的视频，视频很短但震撼力却很大，许多学生在听到《来生还要一起走》的小诗后，都热泪盈眶，当然我也在其中。等学生情绪稍微平复后，我又把家长提供的有关教育费用的清单投影到多媒体上，并提出了一个问题："你的父母伟大吗？"我打开《感恩的心》歌曲，在感人的歌声中请学生上台回答这个问题，许多学生含着泪水，述说了自己父母对自己付出的点点滴滴。父母在物质和精神上给自己付出了这么多，我们应该用什么来回报他们呢？我们虽然不能选择自己的父母，但是我们却可以选择回报父母的方式，而这个方式就是认真学习，刻苦努力。随后我将《我要飞得更高》中寒门子弟自强不息的视频播放给他们看，让他们寻找自己的榜样。班会课结束后，一位名叫张佳的女生给自己在上海经商的爸爸打了个电话，为自己过去的任性向爸爸道歉，那位父亲非常激动，上次家长会特地赶回来，并在会上提到了这件事情。后来有些学生虽然仍然有学习不认真、不遵守纪律的情况，但是每当我找他们谈话，把班会课上的情况再回忆给他们听时，他们往往会深深地埋下头去，满脸羞愧。

以上就是我关于班主任工作的一点感受与体会。万事开头难，我相信只要用心去做，班级管理工作一定可以做得更好。

我的发言结束了，谢谢各位老师。